漢字歷史之旅

作者 河永三
譯者 趙繼紅

도서출판

韓國漢字研究所 翻譯叢書 06

漢字歷史之旅

Exploration of the Historical Journey of Chinese Characters

原著: 사진으로 떠나는 한자역사기행

第一版 第一次印刷 2023年12月31日出版

作者 河泳三

譯者 趙繼紅

封面設計 金素妍

出版地 圖書出版3

2013年7月4日註冊（編號：2020-000015）

地址 釜山廣域市 金井區 中央大路 1929番街48

電話 070-7737-6738

傳真 051-751-6738

電子郵件 3publication@gmail.com

主頁 www.hanja.asia

ISBN: 979-11-87746-72-0(93910)

項目名稱：《夾注名賢十抄詩》所引中國文獻整理與研究
項目編號： 2022B194

漢字歷史之旅

河永三 著

趙繼紅 譯

도서출판
3
3 publication

简介

    本书旨在帮助人们全面、宏观地了解汉字文化和汉字的历史。本书共24章，涵盖了汉字的悠久历史，包括从汉字的起源到现在的变化过程，并谈论了汉字文化领域，不仅在中国，而且在韩国、日本、越南和中国的少数民族。这是一本以汉字为媒介，以丰富的照片和历史遗迹、博物馆等资讯为基础，让你享受一次人文之旅的书。

前言

进入现代以后，韩国使用汉字的频率大为缩减，但汉字依然是韩国文化的根干，更是解读东亚汉字文化圈的重要工具。汉字文化圈的文明是建立在汉字基础上的文明，所以解读中国、韩国、日本、越南等国家的文化时，首先要了解汉字。

本书作为解读汉字文化圈文明的指南，综合地、宏观地阐释了汉字历史，采用了通过照片体验汉字之旅的叙述形式。"汉字"是汉字文化圈的根干，为了从整体上把握，本书在时间上由汉字的起源到今天的变化，以及今后发展，做了历时性考察；在地域上，涵盖中国、韩国、日本、越南，以及中国的少数民族文字。本书，①以照片为媒，②介绍了关于汉字的主要遗址，③通过到这些遗址去旅行的方式，④从宏观上阐述了汉字的发展历史。汉字作为东亚文化的根干，是东亚地区的共用文字，在第四次工业革命中将继续发光，本书还系统地阐释了汉字的未来。

另外，为了更深层地解读汉字，本书利用了大量详实的资料和精准信息。①共使用照片235张，同时还提供了博物馆等相关遗址的详细信息(包括网址)；②从汉字的起源到现在、以及未来，以汉字的发展历史为中心进行了历时性考察，同时展望了汉字的未来；③在叙述上不仅局限于一个国家，对中国、韩国、日本、越南，以及中国少数民族等汉字文化圈进行了整体的"跨境"叙述；④本书不是简单地按年代顺序讲故事，而是一次以文化背景为中心的"人文旅行"。

本书的叙述形式与角度，不仅在韩国，在中国、日本以及越南等国家也是不曾有过的，是一次新尝试。本书是以韩国人视角进行的创作，具有实用价值，同时在一定程度上还具备学术价值。希望本书能成为广大读者解读汉字的指南，成为疏通汉字文明的通道。最后，本书的许多内容参考了作者的前期著作《汉字世界》，由于本书是大众读物，所以对出处没有进行一一标注，而是在参考文献中一并给予提示。

2018年 1月 30日

河永三于渡古斋

汉字地圖

甘肃省	河北省	北京
敦煌：敦煌文书	平山：中山王方壶	中国社会科学院、中国国家博物馆、中华民族园、郭沫若故居
山西省	河南省	
晋城：中华字典博物馆	南阳：董作宾故居	山东省
侯马：侯马盟书	舞阳：贾湖遗迹	曲阜：鲁壁、孔府
陕西省	安阳：殷墟、中国文字博物馆	烟台：王懿荣纪念馆
宝鸡：宝鸡青铜器博物院、周原博物馆、周原遗迹	郑州：河南省博物院	临沂：王羲之故居、银雀山汉竹简博物馆
西安：秦始皇兵马俑、半坡博物馆、碑林博物馆	漯河：许慎文化园	泰山：泰山皇刻石
	湖北省	泰安：大汶口遗迹
云南省：	武汉：湖北省博物馆、武汉大学简帛研究所	江苏省
丽江：东巴文化研究所	云梦：睡虎地秦简	常州：段玉裁纪念馆
沧源：沧源岩画	湖南省	连云港：将军崖岩画
	长沙：湖南省博物馆、楚竹简研究所、马王堆帛书	上海
		上海博物馆、华师大文字中心
		浙江省
		南京：科举博物馆
		绍兴：兰亭
		台湾
		台北：中央研究院、故宫博物院

越南	韩国	日本
河内：越南社会科学院 汉喃研究院、河内文庙	首尔：韩字博物馆 仁川：世界文字博物馆 清州：古印刷博物馆 灵岩：王仁博士遗迹 昌原：茶户里遗迹 蔚山：盘龟台岩画 釜山：世界汉字学会、韩国汉字研究所	京都：汉检汉字博物馆、立命馆大学白川静研究所

汉字字体年表

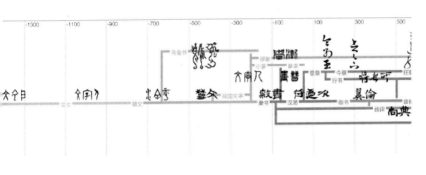

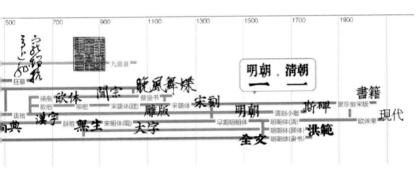

《汉字字体年表》(资料来源: http://blog.typeland.com/articles)

目录

1 汉字的传说

将人类区分于其它动物的一个重要标尺就是语言，人通过系统而精准的语言体系能够完成交流与合作，从而积累宝贵经验，创造其它动物难以比拟的灿烂文明，成为万物之灵长。

语言大致分为有声语言与视觉语言，有声语言指话语，视觉语言指文字。语言受当时的环境和空间的限制，而文字不存在这样的局限性，所以文字为人类文明的传承与创造做出了巨大贡献。

正因为这一贡献，人类历史以文字的出现为分界线，之前为史前时期，文字出现以后称为信史时期，同时人类还根据有无文字来划分野蛮与文明。文字的出现成为文明的尺度，在人类史上占有重要地位。

●1_01. '文'与'字'(隶书)
现在"文"和"字"合起来使用－"文字"，在以前是完全两个不同的概念。"文"是不能再分解的文字，而"字"是有两个以上组字元素的复合字。

●1_02. '仓颉像'

仓颉，传说中的人物，大约4000前黄帝的史官，创造了汉字。他相貌不同寻常，龙颜侈侈，四目灵光，判断事物精准。仰观天象，俯察龟文鸟羽山川，指掌而创文字，天为雨粟，鬼为夜哭。（《淮南子·本经训》）

今天我们赖以生存的这个星球，大约有四千至八千种语言，然而文字却不过几百种，目前仍有许多民族没有自己的文字。

据官方统计，中国56个民族共有80多种语言，目前只有朝鲜族、蒙古族、藏族、维吾尔族等12个民族拥有自己的文字。1949年以前，有24个民族使用24种文字，可是逐渐被字母文字替代，自己民族固有的文字逐渐消失。

语言和文字具有不同的作用，这两个并不存在优劣之分，但围绕这个话题一直争论不休。按西方的传统哲学理念，语言(logos)代表灵魂，直接传递真实，在文字之上，认为文字歪曲真实。

尤其进入12世纪，被称为现代语言学之父的索绪尔(Ferdinand De Saussure, 1857~1913)曾说"文字存在的唯一理由是语言的记录符号"，将文字定义为语言的附属品。再根据这个原理，最终断定文字发达的中国，落后于语言强大的西欧。这不能不说是以欧洲为中心，以西方为中心的认知。站在西方的角度藐视东方叫做东方主义(orientalism)，进入工业革命以后，高速发展的西欧成为世界中心的同时，也制造出了的一种偏见，也是造成对中国和汉字认可度下降的原因。

在西方，很早以前就存在这样的认知：文字是被驱逐的"恶"。可是在中国不但很难找到这样的观点，反而将文字看作是与人们精神领域相关的存在，在中国有对文字的尊崇，却没有对语言的尊崇。语言甚至是被认作是可变的、不可信的、是被排斥的对象。于是我们可以借用德里达(Jacques Derrida, 1930~2004)的观点，称中国为"文字中心主义文明"，对应于他的西方"罗格斯(语音, logos) 中心主义文明"。西方与东方有着不同的发展历史，西方的"语言(logos)"对应东方的"文字"，而西方的"文字"对应东方的"语言(logos)"。所以，东西方文明本质上是相同的，根本不存在孰文明、孰野蛮。

文字使人类文明迅猛发展，尤其在中国，汉字无可比拟得神圣、伟大，其地位超越了任何一项发明，圣人被神话创造出来。有时传说是伏

●1_03. '雅克·德里达'(Jacques Derrida, 1930~2004)
在《论文字学》(*De la Grammatologie*)中，将西方哲学传统
定义为逻各斯中心主义，批判了语言优于文字的论断。

羲、有时也说是沮诵，但流传最广的还是仓颉造字。

仓颉是传说中的伟大人物，传说他"观鸟迹虫文始制文字以代结绳之政"，仓颉是轩辕黄帝的史官，四目灵光，能观察到事物的细微不同，很富传奇性。

可是无论怎样，仓颉毕竟是传说中的人物，是黄帝的史官，而黄帝本身也是神话人物，是不能作为历史事实的，所以仓颉造字依然是神话。中国人习惯将伟大发明与神话联系起来，所以伟大的汉字也是由神创造的，这些都属于在创造伟大的历史过程中，虚构出来的。

●1_04. '仓颉庙'
位于河南省渭南市白水县。为纪念文字始祖仓颉而建，据"仓颉庙碑"记载，汉代延熹5年(162)已颇具规模。2001年被列为国家重点文物保护单位。

尤其中国统一后，秦汉时期创造出许多类似的神话故事，并使之广为流传，将神话加工成真实的事实。所以在秦朝的《吕氏春秋》、汉朝的《说文解字》和《淮南子》中都记录了仓颉造字的故事。后来人就根据这些记录，使仓颉造字的故事传播得更广。

正如前边提到的那样，文字的出现标志着人类进入了文明时代，由于汉字的出现，中国的发展速度超出了人们的想象，积累了相当数量的信息与知识，掌握文字的必定是权力阶层。由于权力的产生，出现了阶级分化，从而有了国家。于是由原始共同体发展为阶级国家。

《淮南子》说："昔者仓颉作书，而天雨粟，鬼夜哭"，老天降粟如降雨，意味着以权力体系为中心的生产体系发生了翻天覆地的变化，进入一个崭新的体制；鬼夜哭，表明曾经大权在握的掌权势力被新一代的势力推翻，完全瓦解。

不过，如同所有初期文字，汉字也不可能是由某个人发明、创造并普及给大众的，而是在漫长岁月中，通过积累经验，是由劳动人民共同创造出来的智慧结晶。

那么，汉字真正的发展过程应该是怎样的呢？下一章我们将详细说明。

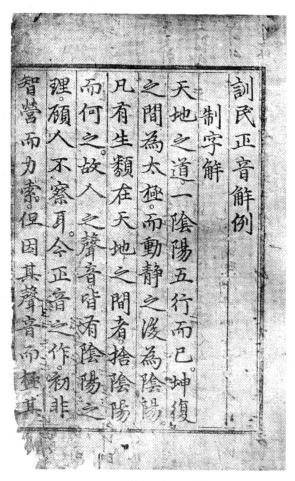

●1_05. 《训民正音》(涧松本)

1446年阴历9月颁布的《训民正音》版本。这里包括了第四代君王世宗大王(在位：1418~1450)昭告全国的颁布文和郑麟趾等集贤殿学者们进行的解说文，以及用例的解例本。韩文1443年创制而成，该版本被称做解例本。涧松本藏于涧松美术馆，列为韩国第70号国宝，1997年被世界教科文为"世界纪录遗产"。

●1_06.仓颉庙网址信息●

名称	仓颉庙
网址	http://top.weinan.gov.cn/info/iList.jsp?cat_id=1705(陕西省渭南市市政府网址)
简介	为了纪念文字始祖仓颉所建。据《仓颉庙碑》记载，汉延熹五年（162年）已颇具规模，2001年被国务院列为全国重点文物保护单位。
地址	陕西省渭南市白水县
参观时间	周二~周日 08:00~18:00，票价：50元/人，所需参观时间：1~2小时。
乘车路线	西安至白水的客运大巴，由白水县城至史官镇的面包车，在史官中学下车。
特点	为纪念中国造字始祖仓颉而建。
主要收藏	仓颉墓，《仓颉庙碑》(162年)
类型	遗址博物馆
参考网址	http://baike.baidu.com/仓颉庙

2 文字符号与汉字

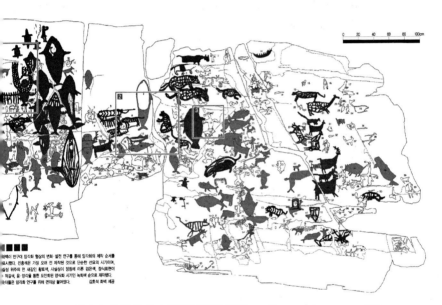

●2_01. "蔚山大谷里盘龟台岩刻画"摹写图(http://kornan.tistory.com/17)
韩国国宝第285号，位于蔚山广域市蔚州郡彦阳邑大谷里，宽8米，高约2米，发现于1972年。光滑的岩石上刻有，人物像、鲸鱼、狗、狈、老虎、鹿、野猪、熊、兔子、狐狸、乌龟、鱼等等，还有捕鲸、船和渔夫、狩猎等情形。刻画很夸张，肚子隆起的怀胎动物、表现夸张的男性舞者及生殖器，这些都体现了当时祈求多产的愿望，以动物旺盛的繁殖祈求丰饶。岩刻画内容是由新石器时期到青铜时期，多次添加而成。

很早以前，人类用语言交流外，还用图画来表达自己的思想，并将重要内容留于后世。将珍贵的记忆和希冀画在洞穴壁和悬崖壁上，这些画便成为文字的主要起源。

最为代表的是西班牙内尔哈(Nerja)洞穴壁画(公元前4万年前)、法国的肖维岩(Chauvet)洞穴壁画(公元前3万年前)、西班牙的阿尔塔米拉(Altamira)洞穴壁画等，还有韩国蔚山的盘龟台岩刻画(公元前 8千年)也非常有名。中国的许多地方也发现了岩刻画，比如云南的沧源岩刻画，新疆维吾尔族自治区、甘肃省、广西省等地的岩刻画，以及江苏省连云港的将军崖岩刻画等都很有名。

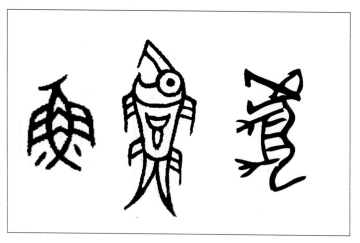

●2_02. "鱼"和"虎"的原始字形

这些岩刻画都经历了单纯的抽象阶段，形成了系统的文字，比如，一个描绘非常形象的鱼的图案，逐渐简化，变为有头有尾的"鱼"；又如"老虎"描画了老虎张着大嘴和身上的华丽条纹，还有尾巴的形状，后来演变为"虎"字。如[图2_03]，人正面的象形成为日后的"大"字，"头上带有各种装饰物舞蹈的象形"成为日后的"美"字。

如[图2_04]，是位于中国中南部淮河河口的将军崖岩画，绘有人面花的图案。这体现了花图腾，即人类是由花起源的图腾，亦或"谷物崇拜"。位于中国江苏省的连云港是中国很有代表性的农业生产基地，也更加证明了这一点。

●2_03. '沧源岩画'
位于云南省沧源佤族自治县的岩画，以赤铁矿粉与动物
血液调合而成的颜料绘制。由人物、动物、房屋、树木、太阳等1
,063个图像组成，据推断大约在3000多年前绘
制，于2001年被列为全国重点保护文物。

谷物崇拜是中国代表性的图腾，因为中国很早就进入了定居农耕社会，中国人自称的"华(華)"字，就是描画绽放的花朵；象征人类最高权威的"帝"字也是如此，它描画的是子房，且花杆成熟的子房；表示英雄的"英"字描画的是花冠。这些都以农耕社会为背景，起源于植物或花朵，所以岩画是植物崇拜与花崇拜的实证。

●2_04. '將軍崖岩畫'
位于江苏省连云港是锦屏山，刻有人面、兽面和禾苗图案，这些人面、兽面、
农作物、太阳、星星、云朵等都以几何图形呈现，内容多样。于1988年被列为
全国重点保护文物。(http://blog.sina.com.cn)。

与此相反，黄河流域的中上游，西部内陆地区认为人类是由葫芦起源的，于是广泛流传着葫芦神话。

比如，1953年陕西省洛南的仰韶文化遗址，发现了形状奇特的葫芦陶瓶，下半部是葫芦，上半部是人面，所以命名为"红陶人头壶"[图2_05]。其中的含义虽然不十分明确，但可以推断：它象征人类是从葫芦诞生的，并与古代中国许多民族的葫芦崇拜有关。汉字中象征"万物初始"或"道"，亦或"元气"，以及大写的"壹"字的义符"壺"，都与葫芦有关。葫芦不仅象征人类的起源，也是"一"或"壹"等所有存在的初始。

●2_05. '红陶人头壶'
1953年出土于陕西省洛南县仰韶文化遗址，高23厘米，
藏于西安半坡博物馆。象征中国广为流传的葫芦瓢人类起源神话。

不过盘龟台、将军崖，以及沧源岩画中的图像毕竟只是"图画"，而
非作为文字的汉字。换言之，如果是文字应该具备独立的符号功能，具

有使用者之间达成共识的含义，并形成符号体系，而这些岩画还不具备以上条件。所以，发展到具有以上属性的文字，需要相当长的时间。那么，究竟需要多长时间和怎样的环境才可以呢？

●2_06. 蔚山大谷里盘龟台岩刻画博物館网址信息●

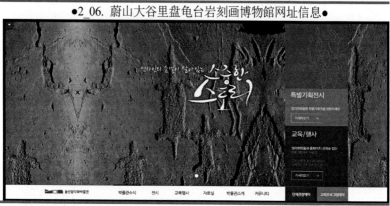

名称	蔚山大谷里盘龟台岩刻画博物館
网址	https://bangudae.ulsan.go.kr/
简介	于2008年 5月 30日开馆，这里担当介绍蔚山《盘龟台岩刻画》(国宝第285号)和《川前里刻石》(国宝第147号)的任务，同时也担当韩国岩刻画研究的重任。博物馆位于蔚山广域市蔚州郡斗东面川前里盘龟桥入口处，总面积为8,960平方米，是一座生动的鲸鱼形状的木质结构建筑，建筑面积为2,025平方米，是多层结构。主要展示品为盘龟台岩刻画和川前里刻石实物模型，介绍岩刻画遗迹的立体影像室，展示史前人们生活的各种模型和照片，小朋友展示厅，家庭体验馆等等。除展厅以外，还有特别展厅和为文化讲座而设的研讨室、会议室、收藏库等，该馆正筹备各种教育文化项目。
地址	蔚山广域市蔚州郡彦阳邑大谷里。
参观时间	09:00~18:00，开放星期: 周二~周日(每周一休馆)，门票: 无
乘车路线	乘坐KTX快线: 蔚山站-彦阳客运站-彦阳邑事务所-盘谷-盘龟台入口-岩刻画博物馆-川前村-大谷博物馆
特点	位于蔚山广域市蔚州郡，岩刻画专题博物馆
主要文物	盘龟台岩画（国宝第285号）模型
类型	文物博物馆

3 汉字的出现与国家的形成

汉字是什么时候，在哪里，以什么方式，又是以什么目的出现的呢？

如前所述，文字与纯粹的图画不同，文字必须以独立的个体符号存在，且具备一定的体系，同时还要求使用者之间达成共识才可称其为文字。有的学者认为文字作为记录有声语言的记录工具，必须具备读音才能称其为文字。对此，笔者持保留意见。至少在中国，语言和文字是分

●3_01. '西安半坡博物馆'
中国第一座史前遗址博物馆，国家一级博物馆。建于1953年发现的西安市半坡遗址，1958年开放，1961年被列为第一批全国重点文物保护单位，国家文物单位。该馆藏有半坡村发现的新石器出土文物)尤其彩陶陶器和文字符号，复原了当时村落的遗迹，向人们展示了公元前40世纪的社会组织、生产活动、经济形态、婚姻、风俗习惯、文化艺术等。(www.bpmuseum.com)

别独立发展的，经历了一定的时期之后，才结合到一起，所以文字并不是为了记录语言而产生的。

当然像韩文，因某个人的力量(或某个集团)，有意识地创制文字的情况也是存在的。但是，汉字是人类初期自然形成的文字，到底产生于何时？准确时间我们无从知晓，只是推算出大概时间而已。

●3_02. '西安半坡遗址和出土文物'
从左至右依次为"半坡遗址碑"、半坡出土陶器上的文字符号、刻有祭司和图腾鱼纹样的彩陶。.

幸运的是1899年的偶然发现，这个偶然发现竟是震惊世界的甲骨文！此次发现为汉字的产生提供了许多信息。在商朝后期的273年的时间里，甲骨文成为商朝王室主要使用的文字，并且已经发展到了相当成熟的阶段。其理由如下：首先，出土的许多汉字已经脱离了象形文字的初期阶段，不只是描画实物的图像，而是进入到非常抽象化的阶段；其次，独立的汉字已经发展到五千字左右，证明已经发展到相当成熟的阶段；其三，从字的结构上看，不只是初级阶段的象形和指示，而是出现了由象形和指示组成的形声字和会意字，且它们各自所占比例也较均衡。

如果说甲骨文不是初级阶段的文字，显然汉字已经经历过初级阶段。那么，汉字到底经历了怎样的发展阶段呢？为了解甲骨文之前的汉

字所经历的初级阶段，
学者们付出了不懈努
力。文字的出现是人类
从野蛮进入文明的分水
岭，最初汉字出现的时
期即是中国文明的发
端，中国的历史会更加
往前推移。

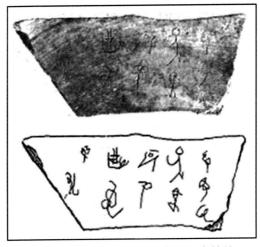

●3_03. '出土于山东省丁公村的文字符号'
多个文字符号排列成文章。

结果令人震惊。
1954年在黄河流域中上
游的西安半坡仰韶文化
遗址(公元前4800年~公
元前4200年)出土的陶器中，有113件出现了相同的文字符号，1972年至
1974年在半坡附近的临潼姜寨遗址中，也出土了38件陶器符号。1974
年，西北地区的青海省乐都县柳湾村马家窑文化遗址出土50件陶器符
号。

另外，中国大陆东端的黄河流域下游，也发现了很多资料。1959年
山东省大汶口遗址(公元前4200年~公元前1900年)发现了刻在陶器上的图
像文字。再往东的临沂前寨也发现了类似的符号，大汶口的东南方的莒
县陵阳河也发现了符号。据推断这些文化的时间大约在公元前4200年至
公元前1900年。1992年，山东省济南附近的丁公村遗址(山东龙山文化后
期，公元前2200~公元前2100年)中，发现了同时刻有11个~12个文字符号
的石头，相似的数个文字连接在一起，好似一篇文章[图3_03]。

除此之外，在中国的中部，也就是黄河中流地区的河南省也同时发
现了陶器符号。据推断是商朝初期的都城二里头和中期都城二里岗出土
了大量的甲骨文，在安阳殷墟的小屯村也发现了陶器符号。

●3_04. '大汶口文字符号'
发现于1959年山东省泰安大汶口。据推断，时间大约公元前4200年至公元前1900年。被解释为"炅山"，也有说是山上的云朵和正在升起的太阳，表示太阳升起。 其中"旦"的解释较为贴切。

　　尤其1983年至2001年，中国中部河南省舞阳县贾湖遗址中出土了祭祀用龟腹甲，刻有类似"目"的文字，据推断这里是大约公元前7000年的遗址，在此发现了七件套的骨笛、酒坛中的葡萄酒、龟壳等占卜工具。七件套骨笛是世界最早的乐器，葡萄酒是世界最早的酒，陶器符号是世界上最早的文字符号。

　　不仅这些，还有多地发现了各式各样的符号，甚至有的与汉字很接近，但是还无法判断这些就是商朝甲骨文的直系祖先。所以有许多人还不赞成称这些符号为文字，而只是文字符号，也就是说和文字很接近，但还不能称其为文字。

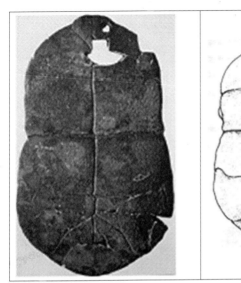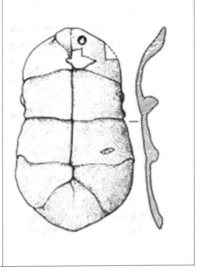

●3_05. '贾湖遗址出土的龟甲，刻有文字符号.'

不过有趣的是，仔细观察目前为止的文字符号，会发现存在地域分布的现象。比如，黄河中上游地域，即半坡姜寨遗址主要以横的符号居多；下游地域，即东部大汶口或城子崖遗址多以图像为主；黄河中游也就是河南一带也多以图像为主。

所以关于汉字的起源，是由东西两侧起始，逐渐向权力中心地集中的二元论，而不是由哪一个地点发源传播扩散的一元论，这是很有道理的。

但是黄河流域的东西两侧发现了文字符号，在南边的长江流域的良渚文化遗址和吴城文化遗址也发现了初期的文字符号。于是关于汉字的起源在二元论基础上更进了一步，为多元论。也就是说，汉字不是由哪一个地方起源，也不是由黄河流域东西两侧起源，而是由多个重要文明聚点同时产生，由于文化区域的扩张及统合逐渐统一。

这和"中国文明起源多元论"相关联。中国文明史不仅由黄河流域的东西两侧起源，还有西部的四川省巴蜀文化、南部的楚文化、东北部的红山文化等等多个地域的多元化起源，逐渐统合为现在的"中国"文明。也许在公元前40世纪，黄河中下游地区是中国文明最为代表的中心地。

那么，汉字到底是什么时候走进真正的文字阶段呢？斯大林(Joseph Stalin, 1879~1953)曾指出"生产力发展到一定程度，就会产生阶级、出现文字、产生国家，为了治理国家就必须具有系统的文字"。

这个论断指出文字与国家的出现有着直接联系。可以推断出，在中国出现国家形态的夏朝(公元前21世纪~公元前17世纪) 文字，应该是在前边阐述的多种文字符号基础上，进入了更加系统的正规文字体系的"汉字"阶段。之后经历了商朝初期(二里头遗址)和中期(二里岗遗址)，飞速发展到了商后期，发展为今河南省殷墟发现的甲骨文，这就是今天汉字字源说的主流观点。

综上所述，汉字与语言各自具有独立的发展体系，由图像和结绳起始经历符号化的阶段，联系到后期的语言和语音体系。发源地主要在中国的东西南北和中央的多个聚点独立出现而产生。

到了公元前40世纪，黄河中游和下游地域变为中心地区，在公元前25世纪出现国家形态夏，于是真正的文字登上历史舞台。之后又经历商初期和中期，形成了飞跃式发展，到了商后期最终进入成熟文字的汉字阶段即甲骨文，这就是今天我们看到的汉字源流。

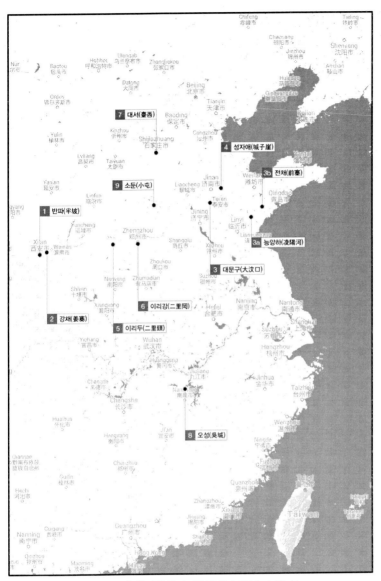

●3_06. 史前时期淘气符号的主要出土地点
(Wee Lee Woon, 1986, 12页).
1.半坡, 2.姜寨 3.大汶口, 3a.陵阳河, 3b.前寨,
4.城子崖,5.二里头, 6.二里岗, 7.台西, 8.吴城, 9.小屯。

●3_07. 西安半坡博物馆网页封面
(http://www.banpomuseum.com.cn/index.htm)

名称	西安半坡博物馆/Xi'an Banpo Museum
网址	http://www.banpomuseum.com.cn
简介	西安半坡博物馆是国家一级博物馆，中国第一座史前遗址博物馆，位于陕西省西安市东郊浐河东岸、半坡村北。半坡遗址1953年春被发现，1958年正式对外开放。1961年，被列为首批全国重点文物保护单位；1997年，被列为首批"百个爱国主义教育示范基地""西安旅游十大景点"之一，以及"中国最值得外国人去的50个地方"之一。半坡遗址揭示了距今大约6000多年前的一处典型的新石器时代仰韶文化母系氏族聚落的社会组织、生产生活、经济形态、婚姻状况、风俗习惯、文化艺术等丰富的文化内涵。
地址	陕西省西安市半坡路155号
参观时间	旺季(3~11月) 35元，淡季(12~2月) 25元,参观所需时间1~2小时。
乘车路线	西安市区乘坐15号、406号、913号公交线。
特点	1958年 4月 1日 开馆。
主要文物	文字符号、人面网纹盆、尖底瓶、人面鱼纹盆、鱼纹彩陶盆等。
类型	遗址类博物馆，2008年被国家文物局评为"国家一级博物馆"。
参考网址	http://baike.baidu.com 西安半坡博物馆

4 甲骨文的世界

　　1899年的一个夏天，在北京发生了改变中国历史、震惊世界的偶然事件，那就是甲骨文的发现。那一年大学者王懿荣患了疟疾，于是在药店抓来中药龙骨来医治疟疾，就在这时，王懿荣发现龙骨有模糊的字迹，并且确定这就是古代文字。经过反复研究，他终于断定那根本不是什么龙骨而是龟甲，并且还了解到这些"龙骨"出土的地方，正是当时传

●4_01. 殷墟

1899年第一批甲骨文出土的地方。为商朝后期的国都经历了273年的历史，至今出土了大约15万片甲骨，将商朝的历史从传说时代编入了信史时代。于2006年被录入世界文化遗产名录，甲骨文于2007年被列为世界纪录遗产。这座纪念碑后边是复原的殷王宫正门。

说的商朝国都，今河南省安阳殷墟。

为什么是在殷墟发现的呢？殷墟是怎样一个地方呢？正如字面体现的那样，是殷之墟。就是殷灭亡后的地域，殷是商朝的最后一个国都，大约有273年左右的历史。即使在发现了甲骨文的时段里，人们还都认为商只是传说中的国家，甲骨文的发现使这一传说成为信史，进入了拥有文字的历史。为当时在鸦片战争中战败的中国增添了几分喜悦和感激。

甲骨文，是当时的周王室将有关占卜活动的内容刻在龟甲兽骨上的记录。最初有很多名称，现在统一称为龟壳的甲和兽骨的骨，合称"甲骨文"。

●4_02. 纪念甲骨文发现一百周年学术大会
1999年8月20日~8月23日，在甲骨文发现地河南省安阳（殷墟），召开了由世界200名甲骨文专家参加的盛大的学术纪念会。为了纪念甲骨文发现100周年，本次会议中刊出了100年来的研究成果集大成《甲骨学一百年》(王宇信等著，河永三译)，同时为了纪念被列为世界文化遗产还进行了联合签名。

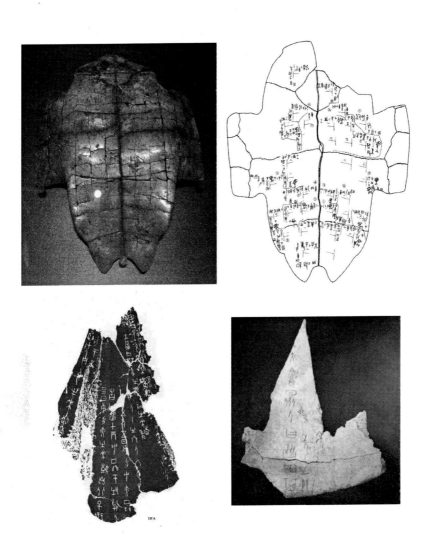

●4_03. '甲'和'骨'
甲是龟甲，骨是兽骨，合称为甲骨文。

不知何时起，曾是民间传说中的医治疟疾神药"龙骨"，被王懿荣断定为古代汉字、即最古老的汉字时，争夺大战的序幕也拉开了。由于当时的中国正处在被西方列强掠夺的历史时期，这些宝贝被西方列强席卷掠空，期间日本也对此进行了大规模掠夺。

在发现甲骨文大约10年的1908年，由罗振玉(1866~1940)证实了当时鲜为人知的出土地点，即河南省殷墟。又过了10年，由王国维(1877~1927)证实了更加令人震惊的史实，殷墟就是商朝后期的国都，直至灭亡大约经历了273年的历史。

于是当时的中国政府也认为，不能让商朝的最后国都成为西方列强的掠夺之地，最终派出调查团。据调查结果显示，自1928年至1937年期间，国家共进行了15次有组织的发掘工作，殷墟甲骨文的发掘就是中国考古学的开始。

●4_04. 甲骨文发现地殷墟王宫遗址
现名称"殷墟博物苑 (www.ayyx.com)"，为纪念1999年的"纪念甲骨文发现一百周年学会"，甲骨学著作及书法展开幕式。

尤其1936年3月18
日~6月24日，在第13
次发掘工作中，
YH127坑一共出土了
17,096片甲骨(17,088
片龟甲和8片牛骨)，
再一次震惊世界。当
时日军侵占满洲，又
进驻北京，为了躲避
日军掠夺，在挖掘此
坑后，将"甲骨柱"完

●4 05. YH127坑

整的装入箱子搬运到南京，进行了室内发掘。1949年新中国成立，甲骨
再一次经历和国民党一起移至台湾的动荡历史。

●4_06. 王懿荣纪念馆

为了纪念发现甲骨文第一人王懿荣而建。建于王懿荣的故乡山东省
福山。王懿荣是杰出的教育家、学者，1899年第一个认出了甲骨文
，1900年八国联军入侵，肩负重任的王懿荣殉职，是爱国志士。

●4_07. 王懿荣纪念馆(新馆)

2014年8月为纪念王懿荣发现甲骨文115周年而建，位于山东省烟台市福山区。

之后又进行了多次发掘工作，最为代表的是1991年，殷墟花园庄东侧 H3坑的发掘工作，发现了1,583件甲骨（刻有文字甲骨689件），几乎都是龟甲，不仅大而且形状完整，解开了当时许多不解之谜。2003年春，山东省济南大辛庄商朝遗址中也发现部分甲骨，当然这项工作会在今后一直持续下去。

目前为止共发现约15万片的甲骨，独立的文字约5,000字左右（重复字除外）。其中约2,000字已经破解（据推断余下2000字为人名或地名），剩下1,000字学者们正在解读，力求达到统一的共识，这对汉字起源的研究将有很大帮助。

●4_08. 殷墟全景(宫殿宗庙遗址)(百度百科)

●4_09. 殷墟网址信息●

名称	殷墟/Yinxu
网址	http://www.ayyx.com/河南安阳殷墟
简介	殷墟，原称"北蒙"，是中国商朝后期都城遗址，位于河南省安阳市。甲骨文称此地为商邑。殷墟是在中国历史上，文献和考古学以及甲骨文，同时可以证明的首个都城。由殷墟王陵遗址、殷墟宫殿宗庙遗址、洹北商城遗址组成，殷墟宫殿宗庙遗址建有殷墟博物院。 1899年，殷墟因发掘甲骨文而闻名于世，1928年殷墟正式开始考古发掘，出土了大量都城建筑遗址和以甲骨文、青铜器为代表的丰富的文化遗存，系统地展现了中国古代晚期辉煌灿烂的青铜文明，确立了商殷社会作为信史的科学地位。被评为20世纪中国"100项重大考古发现"之首。 殷墟先后出土有字甲骨约15万片。甲骨文中所记载的资料将中国有文字记载的可信历史提前到了商朝，也产生了一门新的学科——甲骨学。1961年3月，国务院将殷墟列入首批全国重点文物保护单位；2006年7月，殷墟被联合国科教文组织列入世界文化遗产名录；2011年被评为国家AAAAA级旅游景区。
地址	河南省安阳市殷都区小屯村
参观时间	8:00~18:30(4月~9月) 8:00~17:00(10月~3月)，门票：90元，参观所需时间1日
乘车路线	1号、6号、15号、18号、39号、41号线公交，殷墟站下车，徒步5分钟到达目的地。
特点	世界文化遗产、国家AAAAA及旅游景区，全国重点文物保护单位，由殷墟王陵遗址、殷墟宫殿宗庙遗址、洹北商城遗址等；公元前1319年~公元前1046年遗址，是中国可考证的首座都城。
主要文物	甲骨文、司母戊方鼎等
类型	遗址类博物馆、文物博物馆
参考网址	http://baike.baidu.com "殷墟"

5 甲骨文的研究

1. 甲骨四大家

从1899年甲骨文问世以来，至今不到120年的短短时间里，关于甲骨文的研究几乎无所不至，已经形成了庞大规模。因为有世界各地，怀着使命感为此奉献一生的海内外学者共同努力。

●5_01. 王懿荣画像

当王懿荣判断是"甲骨文"后，他个人首先购买下大量的甲骨，并向世人宣告甲骨的重要性。只可惜第二年1900年八国联军入侵，时任京师团练大臣的王懿荣，偕夫人与儿媳投井殉节。王懿荣，中国近代金石学家、鉴藏家和书法家，是发现和收藏甲骨文第一人，他的殉职不能不说是对甲骨文研究的一大损失。为了纪念这位甲骨文发现和收藏第一人，在他的故乡山东省烟台市建立了"王懿荣纪念馆"，并尊王懿荣为"甲骨之父"。

紧随其后进行甲骨文研究的优秀学者辈出，其中最为代表的是"甲骨四堂"。

罗振玉(1866~1940)，号雪堂，在甲骨文初期的收藏和解读方面功劳很大；王国维(1877~1927)，号观堂，利用甲骨资料为中国史研究做出卓越贡献；董作宾(1895~1963)，字彦堂，主持和参与殷墟的发掘，对甲骨的科学发掘和断代研究做出卓越贡献，后来到台湾继续研究甲骨文，并将甲骨文推向世界；郭沫若(1892~1978)，字鼎堂，新中国成立后从事甲骨文整理工作，根据马克思主义理论对甲骨文进行新解，对中国古代史的研究成果卓著，功不可没。这真是一个巧合，120年间甲骨文研究史上杰出的四位，字或号中均有一个"堂"字，所以人们尊称四位是"甲骨四堂"。没有约定、出身与经历各不相同，但是对甲骨文的研究却惊人的一致，他们共同创造了"神话"。

"甲骨四堂"是著名学者陈子展(1898~1990)在评价早期甲骨学家时写下"甲骨四堂，郭董罗王"的名句，后来由著名文字学家 唐 兰 (1901~1979)以诗句总结他们对殷虚卜辞的贡献，被广泛接受：

●5_02. 甲骨四大家
(http://www.meishujia.cn/?act=usite&usid=3647
&inview=appid-248-mid-2429&said=542)

自雪堂导夫先路，

观堂继以考史，

彦堂区其時代，

鼎堂发其辞例，

固已极一時之盛。

"甲骨四堂"的研究成就与评价名副其实，罗振玉著有《殷墟书契》《殷商占卜文字考》；王国维著有《观堂集林》；郭沫若著有《甲骨文字研究》；董作宾著有《殷历谱》和《甲骨文断代研究例》，对甲骨文研究具有纪念碑性意义。

此外，被评价为甲骨学者的最后一位饶宗颐(1917~2018)号选堂，又有了"甲骨五堂"的新说法。后来者还有于省吾(1896~1984)，其著作《甲骨文字释林》，在学界享有很高的评价；王宇信(1940~现在)，《甲骨学一百年》和《新中国甲骨学60年》为甲骨学研究做出不可磨灭的业绩，裘锡圭(1935~现在)对甲骨文个别字研究成就卓著。

(1) 罗振玉(1866~1940)

罗振玉生于浙江省上虞县，字叔言，号雪堂，晚号贞松老人、松翁，是中国现代农学的开拓者，著名的考古学家，对中国近代科学、文化、学术的发展做出了巨大贡献。

●5_03. 罗振玉

在保住内阁大库和明清档案的同时，又著述《殷墟书契考释》为甲骨文字的研究和普及做出很大贡献。先后整理了敦煌石室遗书，释义汉晋时期的木简，对古代器物研究也有惊人业绩，一生著作多达189种，校刊书籍642种。

1911年辛亥革命后逃亡日本，1919年回国后，为清王朝复辟一直与日本携手，新中国对此持以否定的态度。不过近几年，对他学术上的功绩给予了重新评价。

(2) 王国维(1877~1927)

王国维是中国近代最优秀的历史学家之一，中国史上最具代表性的天才。生于浙江海宁，1911年辛亥革命后，王国维随罗振玉东渡日本，在文学研究、经学、历史学、金石学等方面的研究功劳赫赫。整理了罗振玉收集的庞大资料，与罗振玉一同整理、研究甲骨文，成为甲骨四堂之一。

对金文、简牍资料和敦煌文书的研究，取得了超越前人的成就。根据敦煌中发现的《唐韵》手写本资料，阐明了中国音韵的变迁过程。1916年回国后，任

●5_04. 王国维
(http://wangyannong.artron.net/works_detail_brt02620
0700119)

教于清华研究院（现清华大学），于北京大学研究所培养后生。遗憾的是，1927年自沉于颐和园昆明湖，终年50岁。王国维的史学研究成果主要收集在《观堂集林》(1921，全24卷)。他将以文献为中心的研究，变为运用地下的材料(考古)与纸上的材料(文献)相互印证、比较以考证古史的真相，成为公认的科学学术正统，被称为"二重证据法"，为历史和文化研究做出巨大贡献。

(3) 郭沫若(1892~1978)

郭沫若，字鼎堂，号尚武，沫若是笔名，原名开贞。生于乐山，1914年留学于日本九州帝国大学，专攻医学，后弃医从文，成为中国现代文学家、马克思主义历史学家。作为中国新诗重要奠基人之一，有诗集《女神》。新中国成立，任中国科学院院长。由日本回国后，专心于历史学研究，成就璀璨。1930年以马克思主义历史观，研究中国古代史的力作有《中国古代社会研究》《奴隶制時代》《甲骨文研究》《两周金文辞大系》《十批判书》等大量著作。郭沫若去世后，其著作被整理出版为《郭沫若文集》。尤其，郭沫若主编的《甲骨文合集》(38册)是一部大型

●5_05. 郭沫若

甲骨文资料书，收录了新中国所有的甲骨和拣选的重要甲骨41,956片的资料。

●5_06. 郭沫若纪念馆(故居正门) 位于北京市前海西街18号。于1988 年6月正式开馆，是中国传统的四 合院建筑。郭沫若生命最后15年在 此度过。

●5_07. 郭沫若纪念馆(四川)

●5_08. 郭沫若纪念馆网址信息●

名称	郭沫若纪念馆/Guo Moruo Memorial Hall
网页/二维码	
简介	位于北京市西城区前海西街18号，1988年6月以郭沫若故居的名称正式对外开放。纪念馆为四合院建筑，是清朝时期恭王府的马号，民国初期改造成东西合璧的住宅。郭沫若在此度过了生命中最后15年。
地址	北京市前海西街18号，电话：010-66034681
参观时间	周二~周日 9:00-16:30，周一，1月1日~春节期间休馆，票价：成人 20元，学生 10元(含大学生)。
乘车路线	电车：111线，107线，118线；公交：13线，701线，850线，810线，在北海门站下车，什刹海体育学校正门右转50米处。
特点	中国传统四合原建筑，由研究室、文物展示厅、大众科普和信息中心、办公室等组成。
主要文物	郭沫若著作、生前遗物、邓颖超等亲笔书信、四合院、园子等。
类型	国家重点文物保护单位
参考网址	http://baike.baidu.com "郭沫若纪念馆"

2. 台湾的研究

董作宾(1895~1963)，原名作仁，字彦堂、雁堂。生于河南省南阳。1923年~1924年，在北京大学研究所国学门读研究生，1928年~1946年在中央研究院历史语言研究所工作，组织甲骨文的发掘和研究，1948年被选为中央研究院院士。1949年以后兼任台湾大学教授，于1963年病逝于台湾。从1928 到1937年国家组织的15次安阳殷墟的系统发掘工作是由董作宾的报告书开始的，并且多次发掘工作在他的主导下进行。他参与发掘的亲身经历成为日后研究的巨大财富，于1933年发表了《甲骨文断代研究例》，是甲骨文断代研究的第一部著作。

●5_09.
《殷墟文字》(甲篇、乙篇、丙篇，中央研究院历史研究所)
1928年~1937年间安阳历经15次发掘，至第9次为止，从发掘出的甲骨中筛选出3,942片，董作宾于1940年刊发，此为《甲篇》。
《乙篇》的上篇收录了第13次发掘，中篇收录第14次发掘，下篇收录第15次发掘中的9,105片甲骨，由董作宾刊发。
《丙篇》是张秉权将《殷墟文字》的《甲篇》和《乙篇》，通过缀合进行的复原力作，于1957年~1972年间出版6册。

●5_10.
董作宾故居标识牌(http://blog.sina.co
m.cn/s/blog_c4f09ac101019nah.html)

●5_11. 董作宾

他对甲骨片的整理付出了全部心血，先后刊发了《殷墟文字》《殷墟文字·甲编》《殷墟文字·乙编》。其中《殷墟文字·甲编》是他先后15次参加安阳小屯村殷墟发掘时，收录的前9次发掘中拣选的3,942片甲骨；《殷墟文字·乙编》是将第13次、第14次发掘、第15次发掘的甲骨进行区分，共收录9,105片甲骨。

由于他解读了大量的甲骨资料，并亲自参与实地发掘工作，所以对历法和断代史的研究举世瞩目。尤其他主张的"甲骨文五个时期划分法"根据273年间殷墟甲骨文的十个特征来划分。第一期(盘庚、小辛、小乙、武丁时期)；第二期(祖庚、祖甲时期)；第三期(廪辛、康丁时期)；第四期(武乙、文丁时期)；第五期(帝乙、帝辛时期)等五个阶段，使甲骨文和商朝历史的研究更加精准。

●5_12. 首尔大学所藏甲骨文
1955年董作宾受邀为首尔大学特聘教授时，介绍了此甲骨，使甲骨文走向世界。

　　董作宾又一贡献是为世界培养出了大量的甲骨学者。1949年新中国成立，对西方实行了封闭政策，于是台湾成为西方对甲骨研究的大后方。此时，许多各国学者开始赴台求学，董作宾本人也在1947年~1948年，受邀于芝加哥大学出任客座教授。又于1955年应邀出任首尔大学客座教授，并授予文学博士。随后1956~1958年又分别受邀于香港大学、崇基书院、新亚书院、珠海书院等。通过这种方式，董作宾培养出了大量的甲骨学者，这位甲骨大师为甲骨学的世界化做出了巨大贡献。

　　除董作宾以外，台湾还有著名甲骨学者许进雄(1941~　　)，生于台湾高雄，毕业于台湾大学。后来在1968年应加拿大之邀，赴多伦多安大略皇家博物馆，整理馆藏甲骨，这些甲骨都是1920年加拿大传教士明义士(James Mellon Menzies, 1885-1957)收集的资料，整理甲骨文之后1996年回到台湾，潜心研究此间忽略掉的钻和凿的形态研究，并将此作为甲骨文时期划分的新标尺。还有著作《中国古代社会》是将汉字与考古学、人类学等联系起来，是对中国文化进行解读的一部力作，这本书也翻译成了韩文。

●5_13. 台湾中央研究院(Academia Sinica)

中央研究院于1928成立，是中华民国国民政府时期中国最高学术研究机构，1949年部分院士机构搬迁到台湾，在台北市南港区营建现今院址，是现今中国台湾地区最高学术研究机关，不仅代表台湾，也是代表世界的研究中国的机构。新中国成立后，大陆成立了中国社会科学院，延续了它的作用。

●5_14.
台湾中央研究院历史语言研究所网页(http://www.ling.sinica.edu.tw/en/Home)

●5_15. 台湾中央研究院网址信息●

名称	台湾中央研究院/Academia Sinica
网址	https://www.sinica.edu.tw
简介	中央研究院（Academia Sinica），直属与中华民国的总统府的最高学术机关，于1928年当时的首都南京成立，1949年国民党政府搬迁台湾，现今院址为台湾省台北市南港区。以人文及科学研究，指导、联络及奖励学术研究，培养高级学术研究人才，并兼有科学与人文之研究为宗旨。目前设有物理、化学、工程、地址、天文、气象、历史语言、国文学、考古学、社会科学、动物、植物等12个研究所。
地址	11529，台湾省台北市南港区研究院路2段128号， 电话：+886-2-27822120~9
参观须知	研究院内主要博物馆需预约(reservation)，无门票。
乘车路线	1. 轻轨：南港站2号出口换乘 212（直）路、 212（區）路、 270路， 换乘公车蓝 25路，中研院站下车。 2. 公交：205线、 212线、 212(直)路、 212(区)路、270路、276路、306路、620线、 645线、(小) 12路、(藍) 25路、679路、(小)5 路、 (小)1 路，中研院站下车。
特点	台湾最高学术研究机关，世界上最具代表性的中国语文学研究机构
主要文物	胡适纪念馆/Hu Shih Memorial Hall，（提前预约），历史文物陈列馆/Institute of History and Philology, Academia Sinica)，傅斯年纪念室, FU SSU NIEN LIBRARY)，数位典藏展示中心，Academia Sinica Digital Resources，(提前预约)，民族学研究所博物馆, Museum of Institute of Ethnology，提前预约)
类型	学术研究机构，图书馆、博物馆
参考网址	https://zh.wikipedia.org "中央研究院"

6 甲骨文的解读

　　商王朝和商王室的重要大事都是依靠占卜来决定的，尤其国之大事，在祀与戎的那个时代。占卜是那个年代需要随时例行的，并且每次都要遵循以下程序：

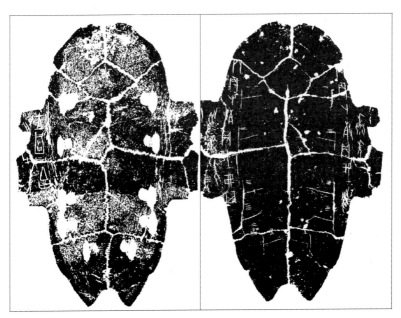

●6_01. 甲骨的'钻'和'凿'
为使龟甲出现兆纹，将龟甲进行初步加工，横向的圆形浅洼（左）为钻，竖向的椭圆形凹槽为"凿"。用火灼烤这些地方，龟甲就会出现"卜"字裂纹（右），占卜官通过此兆纹占卜吉凶。

首先，准备工作取材，即龟甲和牛胛骨。龟甲主要以进贡形式获得，之后锯削、刮磨，在周边记录下进贡的地域和数量等，再用金属工具在甲骨上钻出圆窝，在圆窝旁凿出菱形的凹槽，此过程称为钻和凿。然后用火灼烧甲骨，使甲骨灼烧至裂，出现形似"卜"字的兆纹，通过此兆纹来判断凶吉。这就是准备过程。

其次，如果出现需要占卜的大事，由主管占卜的巫师和相关人员举行仪式，之后由巫师将需要占卜的内容告诉天神和祖先神，这个过程叫做命龟，意思是"向龟询问占卜所需的内容"。

其三，这个过程结束后，用烤好的木棍，灼烧钻好的龟甲，即钻和凿，遇热后的龟甲会出现形似"卜"字的裂纹，称为兆，巫师会依据兆纹来占卜吉凶。为了提高占卜的可信度，占卜分为肯定和否定两种形式，需要反复操作数遍。一般固定的占卦有上吉、小吉、大吉、弘吉等，进行占卜的次数用数字一、二、三、四、五等数字记录。

第四，当占卜结束时，将占卜的日期和主管占卜的巫师姓名，以及占卜的内容等记录于龟甲。占卜日期和主管占卜的巫师名字的记录称为前辞，占卜的内容叫贞辞，根据兆纹得到的结果叫做占辞。另外还将占卜预测出的事情，在现实中出现与否的结果也记录上，这称为验辞。

●6_02. 龟腹甲上的钻和凿（背面）1991年，于河南省安阳花园庄东侧出图，出图状态完好。17.6x27.6厘米，藏于社会科学院考古研究所安阳分所（91AHDH3: 654）。

前辞、贞辞、占辞、验辞，四个部分合起来才是完整的卜辞。当然也不是所有卜辞都存留下完整的记录，下面提到的《殷虚文字·丙编》收录的第247篇就是完整卜辞的示例。

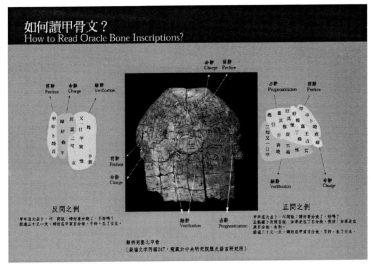

●6_03. 《殷虚文字·丙编》 第247篇(台湾故宫博物院甲骨文说明文)

分类	前辞	贞辞	占辞	验辞
原文 (肯定式)	甲申卜，殼贞：	"(妇)好娩，嘉?"	王占曰："其惟丁娩，嘉.其惟庚娩，弘吉."	三旬有一日甲寅娩，不嘉，惟女.
解析	甲申时占卜，巫师殼问卜.	"妇好分娩，是吉吗?"	王占断："丁日分娩，嘉；庚日分娩，更嘉."	第31日甲寅，妇好分娩了，不嘉，是女婴.
原文 (否定式)	甲申卜，殼贞：	"妇好娩，不其嘉?"		三旬有一日甲寅娩，允不嘉，惟女.
解析	甲申时占卜，巫师殼问卜.	"妇好分娩不吉吗?"		第31日甲寅，妇好分娩，确实不好，是女婴.

　　这是商朝，国力最强盛时期的君王武丁，为爱妃妇好占卜生产情况的卜辞，占卜内容为生男还是生女。当时'殷'代表巫师主管占卜，而王亲自观察龟甲上的兆纹做出占断，记录包括内容、结果等，非常具体。由此我们能判断当时的人们非人常重视王位的继承人小王子的诞生，以及盼望生男孩的习俗。

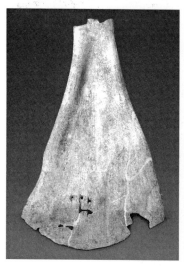

●6_04. 牛胛骨上的甲骨文

向祖先和山神祈求平安的内容。刻于龟甲的称甲，刻于动物骨的称骨，合称甲骨文。

●6_05. 纪念甲骨文发现一百周年大会合影
1999年河南省安阳，笔者作为韩国代表参加此会。

●6_06.
《甲骨学一百年》中文版和韩文版
（笔者译）
为纪念甲骨文发现一百周年出版的
甲骨学研究集大成著作。

●6_07. 台湾国立故宫博物院网址信息

名称	台湾国立故宫博物院/National Palace Museum
网址	https://www.npm.gov.tw/
简介	藏有中国历代著名文物的代表性的机构，收藏有故宫、南京故宫、沈阳故宫、承德避暑山庄、颐和园、静宜园和国子监等处的皇家旧藏。该博物院的收藏是中国美术品的主干珍品，堪称中国文化艺术之宝库。文物迁台后，暂时保管在台中雾峰北沟至1965年。国立故宫博物院和中央博物院筹备处统合后，在位于台北士林外双溪的新馆开放展示。迁台的两个机构的文物包括了元故宫博物院藏品46,100件、书画5,526件、图书文献545,797件、元中央博物院藏品11,047件、书画477件、图书文献38件等总共608,985件。该馆收藏无论质还是量，都堪称中华之最，是世界四大博物馆之一。
地址	11143，台湾台北市士林区至善路2段221号 电话：+886-(2)-2881-2021，+886-(2)-6610-3600
参观时间	全年无休，上午8时30分至下午6时30分。夜间开放时间：每周五、周六18:30-21:00 平时 NTD 250，学生打折 NTD 150(国际学生证)
乘车路线	地铁：①淡水线士林站下车，换乘(红) 30路公交，故宫博物院下车 ②内湖线的大直站下车，换成(棕) 13路公交，故宫博物院下车； ③文湖线剑南路下车，换乘(棕) 20路公交，故宫博物院下车。 公交线：255路、304路、815路，小型巴士 18路、19路故宫博物院下车。
特点	世界四大博物馆，藏有中国历代顶级文物
主要文物	《毛公鼎》等青铜器 6,225件，东方毕加索的张大千纪念馆
类型	博物馆
参考网址	https://zh.wikipedia.org/wiki/"国立故宫博物院"

7 西周甲骨

1899年殷墟甲骨发掘以后，专家预测不仅殷墟，其他地区可能也埋有甲骨，事实证明预测非常准确。殷墟之外还有许多地方陆续发现了甲骨，有的早于殷墟甲骨，有的晚于殷墟甲骨，最重要的是发现了西周甲骨，世界更加震惊了。

最早发现的西周甲骨，并没在当时的西周国都陕西省境内，而是在山西省洪洞县的坊堆村。后来又在北京的昌平白浮、陕西省西安市长安区的丰镐遗址也分别发现甲骨，随后又在陕西省宝鸡市扶风发现了周原遗址。

H11:1

H11:1背面

由又正
血䠗三䜣三
𢼸□母其彝
皮唐□蒙
乙宗貞王其剢祭
癸巳彝文武帝

●7_01. 西周甲骨
1977年，于陕西省岐山县凤雏村发现13,900余片(有文字甲骨 289片)，
证明了不仅商朝，周朝也使用了甲骨文。为证明商周是承接关系提供了重要史料。

●7_02. 周原遗址

周原遗址发现了大量西周甲骨，位于陕西省宝鸡市扶风县和岐山县。出土了大量青铜器，称为"青铜器之乡"。东西70公里，南北20公里，总面积为33平方公里，是公元前11世纪至公元前8世纪的大型遗址。

西周甲骨出土量首当其冲的当属周原遗址。仅岐山凤雏地区发现的甲骨就多达16,700余片(包括有文字的300余片)，均记录周文王时期的事情。这里出土的资料，于1982年公之于众，加速了对西周甲骨的研究。

据推断西周甲骨有殷墟甲骨的影响，但与殷墟甲骨也有许多不同。比如，西周甲骨中动物骨只有完整的圆型钻，而龟甲凹进去的凿是方形。如此，钻和凿与殷墟甲骨呈现了不同景象，也许这是为了使兆纹呈现自由裂开的方向，可以增加占卜预测的几率。

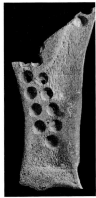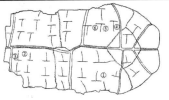

●7_03. 西周甲骨，FQ1 正面和背面(左).
●7_04. 西周腹骨(摹写图)(右)

●7_05. 周原博物馆

建于1987年，位于陕西省宝鸡市扶风县法门镇，有当地出土的大量青铜器和西周甲骨文1万余件、宝物4件、国家一级文物172件。1982年列为中国重点文物单位。

不仅如此，刻字的方式也有所改变。殷墟甲骨宽大的部分向下，而周原甲骨与之相反，大部分甲骨将宽大的部分向右，从右至左而刻。加之每个字符非常细小，必须使用五倍放大镜方可看清。

呈现出的这些特征在向我们诉说什么呢？与殷墟甲骨又是怎样一个关系呢？这留给了我们继续研究和探讨的话题。中国古代史中，商朝和周朝在文化上是传承关系，"商周关系史"是非常重要的历史问题，周原甲骨和殷墟甲骨在性质和内容上，也许能为我们提供可参考的资料。

●7_06. 周原博物馆网址信息●

名称	周原博物馆/Zhou Yuan Museum
网址	http://u6569220.b2bname.com/
简介	位于陕西省宝鸡市，是是周原遗址大规模考古发掘基础上，于1987年建立起来的一个专题性博物馆。位于扶风、岐山二县交界的京当等村，是先周居民的生活栖居地，是遗址性博物馆。博物馆面积3,400平方米，由室内和室外两个部分组成。市内展示厅由周原历史文物陈列、西周书法艺术展览、西周酒文化展览、周原珍贵文物特别展组成，共有3,375件文物。有甲骨文、史墙盘、折觥，庄白，以及由第一号窖藏出土的103件青铜组套等数百件西周青铜器。
地址	陕西省扶风县法门镇召陈村
乘车路线	火车:西安北站每日发往岐山列车14次，再由岐山站乘坐开往京当镇的客车，在京当镇下车。岐山站乘坐开往京当镇中型巴士，京当镇下车。 城际客运:由西安城西客运站乘坐开往岐山客车，在岐山客运站转乘开往京当镇客车，在京当镇下车。
特点	1987年开馆，1982年列为国家重点文物保护单位。
主要文物	周原甲骨、,师同鼎、折觥等
类型	专题博物馆
参考网址	http://baike.baidu.com "周原博物馆"

8 中国的青铜器时代

当人类发明青铜后，生产方式有了巨大发展，其速度是石器时代不可比拟的，不仅出现了大量武器，还出现了对周边地区的征伐，以及因征伐应运而生的权力体制，最终成为国家。

华裔考古学权威哈佛大学的张光直(1931~2001)教授指出，中国文明最大特点是"青铜器文明"。众所周知，随着人类社会的发展、工具的进步，分为旧石器时代、新石器时代、青铜器时代、铁器时代。中国作为四大文明古国，很早就进入了青铜器时代，据推断最迟也是在夏朝，就已进入了成熟的青铜器时代，即使战国时期进入了铁器时代，青铜器依旧占有重要地位。其它国度的文明是以青铜制作武器，而中国是制作礼器，并以此象征权威，对周边进行统治，这一点独具特色。

●8_01. 中国的青铜器铸造法
陶范，即泥模具，是中国固有的铸造法。

此时，中国的青铜器丰富至极超乎了人们的想象。

最为代表的就是鼎和爵。鼎是煮食物的食器，有三足双耳，大腹。时期不同鼎足形状也有所不同，有尖细型、厚重型、柱型、马蹄型等等。还有四足的方鼎，于是命名为方鼎作为区分。

爵是最具代表性的饮酒器具，一般三足圆腹，酒水流出的口叫流，相反的那一面叫尾，还有两个装饰用的小柱子。爵如同轻轻落下的雀，所以也有麻雀的意思。拥有爵的数量是身份的象征，所以也有官爵的含义。

青铜器种类繁多，根据时代不同形态各异，不可能一一都叫出名字。但是用于烹饪的大概有鼎、鬲、甗；盛放食物的器皿为簋、盨、簠、敦、豆；用于饮酒的器皿为爵、角、斝、觚；作为盛酒的器皿分别为觥、尊、卣、彝、罍、壶；舀酒的舀子叫勺；放置酒具的陈列台叫做禁。

●8_02. 司母戊鼎
这尊青铜鼎重量832.8公斤，是世界上最重的青铜器物。重量如此可观，铸造此器物的青铜足有1.2吨。以最好的铜作为原料，醇含量也不过5%，铸造如此方鼎所需原石大约为60吨。这在大约3300年前的古代社会里，一次性融化如此重量的原石，又以此来铸造如此重量的鼎需要多少费用呢？又是为什铸造此鼎呢？

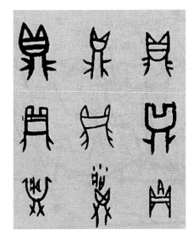

●8_03. "鼎"字的甲骨文和金文的各种书写法，体现了鼎足的不同形状。

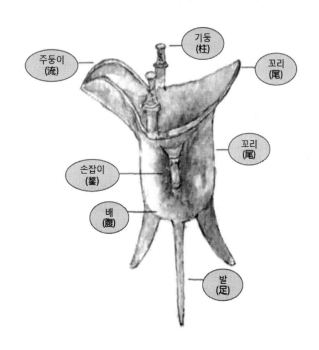

●8_04. "爵"的各部位及名称，商朝

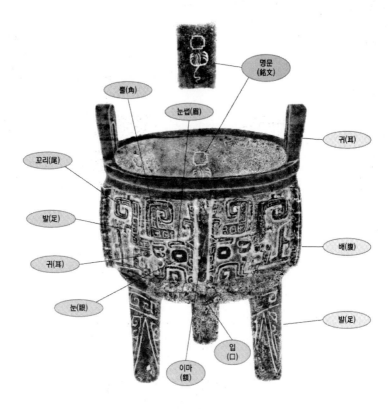

명문
(銘文)

뿔(角)

눈썹(眉)

귀(耳)

꼬리(尾)

발(足)

배(腹)

귀(耳)

눈(眼)

발(足)

입
(口)

이마
(額)

●8 05. "鼎"的各部位及名称

　　为什么会铸造各种各样的青铜器呢？张光直指出，当时青铜器是权力与身份的象征。尤其是已经确立封建制度的西周时期，只有天子才可以拥有九鼎、诸侯七鼎、大夫五鼎。所以九鼎也象征天子至尊，于是图谋夺取政权也叫"问鼎"。

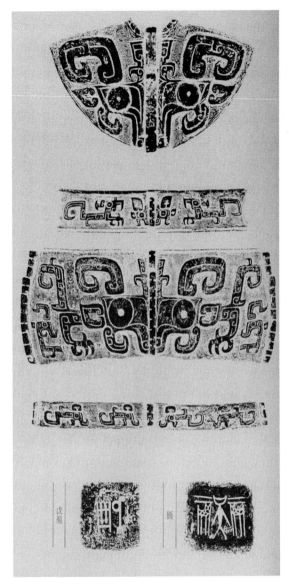

●8_06. 饕餮纹

饕餮纹是青铜器上经常出现的纹样。饕餮纹由大嘴、眼、宽大的眉、身和尾等部分组成，以闪电纹样为背景纹样。饕餮是想象中的动物，贪财的是饕，贪吃的是餮。"最下方是刻有氏族标志的族徽。

　　青铜器非常贵重，上面各色各样的纹样也华美无比，其中最为代表的是饕餮纹。饕餮是想象中的动物，饕贪财、餮贪吃。所以饕餮纹是警醒人们的贪欲，或者是为了阻挡厄运的象征纹样。

　　青铜器的每一纹样都有象征含义，随着时代的变迁其主题也发生改变，通过纹样，后人能够判断时代特征，鉴赏时代风貌，这是件非常美妙的事情。

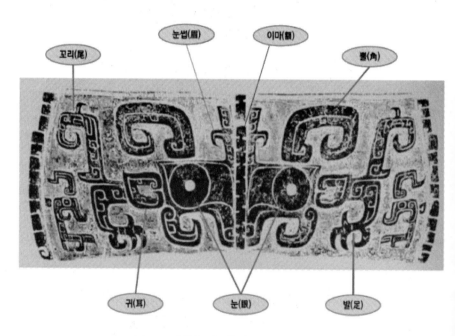

●8_07. 青铜器的"饕餮纹"各部位名称

●8_08. 青铜器纹样

(左图) 龙纹。"商蟠龙纹盤",藏于 Poly Art
Museum (保利艺术博物馆,《辉煌璀璨青铜器》, 2002, 18页)
(右图) 凤纹。 西周的"王作左守鼎"。藏于Poly Art Museum (上同,19页)

●8_09. 战国时代"社会生活图"

镶嵌在葫芦瓶的纹样。高41厘米,藏于 Poly Art
Museum(保利艺术博物馆,《辉煌灿烂青铜器》,2002,
51页)纹样分为三段,刻在葫芦瓶表层,第一段纹样是"采桑图"和射箭练习的
场面,下边是第三段纹样,是攻城图和海战图,生动得表现了战争场面。

●8_10. 宝鸡青铜器博物院 (www.bjqtm.com)

位于周和秦的发源地陕西省宝鸡，出土了历代青铜器。为更加科学地保存，纪
念青铜器文化，2010年在石鼓山建立了最现代化的青铜器博物馆。石鼓山以唐
朝出土的十件刻有四言诗的秦"石鼓文"而闻名。

●8_11. 史墙盘

1976年出土于陕西省宝鸡扶风县。高 16.2厘米、盘口直径47.3厘米、 深
8.6厘米的大型盘，盘底刻有284字铭文。铭文的前半部记录了西周七代王，即
文王、武王、成王、康王、昭王、穆王、共王的功绩；后半部记录了这件器物
主人微氏五代祖先至微氏本人为止的族氏功绩。铭文记录的内容与司马迁《史
记·周本纪》中的内容相一致，通过微氏家族的历史，可以了解西周贵族的生活
，成为重要的历史资料，因此该青铜器被禁止海外巡展。现收藏于宝鸡青铜器
博物馆。

●8_12. 发现于宝鸡的青铜禁

出土于2013年。禁是置放青铜酒盅的展示架，现仅存三套。一套藏于美国大都
会艺术博物馆，还有一套藏于天津博物馆。面上长为
94厘米、高20.5厘米、宽45厘米，是迄今出土中最大的禁。发现当时，禁面上
摆放着四方存酒器彝和酒壶卣，还有舀酒的斗，很生动的再现了当时周朝时期
实际使用时的情形。参考《周野鹿鸣:宝鸡石鼓山西周贵族墓出土青铜器》
(陕西省考古研究所等, 2014), 224~247页。

●8_13. 宝鸡青銅器博物院网页主页面和网址信息●

名称	宝鸡青銅器博物院/Baoji Bronze Ware Museum
网址	www.bjqtm.com
简介	始建于1956年，原为宝鸡历史文物陈列室，1958年更名为宝鸡青銅器博物（China Bronze Ware Museum），1990年移址关南路，于1998年9月8日建成外开放。2006年在"中华第一古物"---石鼓的出土地石鼓山建设宝鸡青銅器博院，于2010年新馆落成，并更名为宝鸡青銅器博物院，2015年，对外的院前识更改为"中国青銅器博物馆"。 目前为中国最大的青銅器博物馆，新馆馆舍用青銅器出土的场景作为建筑型，建筑面积3.48万平方米，馆藏文物12,000余件（组），其中一级文物120件，包括何尊、折觥、厉王胡簋、墙盘、秦公镈等禁止出境文物。
地址	陕西省宝鸡市滨河南路中华石鼓园
参观时间	周二~周日 9:00~17:00，免费参观， 每日限3000人(14点以前可接待2,000人，16点以前可接待1,000人)
乘车路线	宝鸡火车站乘车约20分路程，咸阳机场出发约1.5小时。 市内公交：8线，10线，17线，28线，51线，61线等路线.
特点	2010.9. 开放，中国最大青銅器博物馆
主要文物	何尊、折觥、,厉王胡簋、墙盘、秦公镈
类型	历史博物馆
参考网址	http://baike.baidu.com/

9 青铜器研究

在很早以前人们就发现了青铜器，公元100年完成的《说文解字》中提到，当时能够经常看到出土的青铜器。首次发现的青铜器是在汉武帝时期116年的一个夏天，在今天陕西省汾水流域的汾阳发现了青铜鼎。

当时认为此青铜器的出土是奉天承运的好兆头。所以当时将此器物收藏于宗庙，又作《景星歌》表示庆祝，甚至将年号改为元鼎。即发现鼎的元年，此年号是武帝使用的第五个年号，从公元前116年至公元前111年。由此我们能看出鼎的重要性，用今天的话说：是巧遇幸运。

直到1899年还没发现甲骨文以前，中国一直处于对甲骨文未知的状态，青铜器是最引人注目的古玩。尤其到了宋朝，经济文化迅猛发展，贵族阶层掀起了收集古董文玩的风潮。争

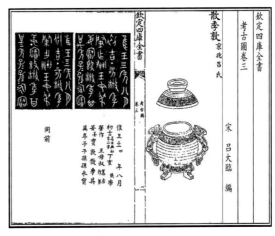

●9_01. 《考古图》

宋朝吕大临(约1042~约1092)编纂的金文著录集，共10卷，于1092年完成。收录了当时宫阙和个人的收藏以及古代青铜器和玉器。为青铜器的分类和命名，以及与器物和铭文同时记录的方式，成为中国后来著录的传统。

先恐后的购置青铜器，这个现象自然促成了假冒商品的流行。为了鉴别真伪，需要对青铜器进行更加精密的研究，由此对青铜器的综合研究开始盛行，金石学成为一项专门的学问。

1929年，吕大林编著的《考古图》收录了当时政府和个人收藏的210件青铜器的信息，详细记录了青铜器的形状和铭文，以及关于这些青铜器的解释和发现地点、大小重量等等，成为今天金石论著的典范。紧接其后，又出现了《宣和博古图》《历代钟鼎彝器款识法贴》《金石录》等等著作，进入了金石学的全盛时代。后来到了清代，由于考证学的流行，再一次使金石学成为关注的焦点。

在清朝1899年的某一天，由于甲骨文的发现，对中国古代史研究掀起了前所未有的热潮，对青铜器的考古和发掘也充满了青春活力。加之，当时对西方考古知识的引进，理论体系更加完善，方法也更加先进。

进入21世纪，中国经济的腾飞与国家地位的提升，对于青铜器的收集也进入了国家层面管理和规范化，包括研究、展示等。最具代表性的举措就是建立青铜器专题博物馆，即上海博物馆和紧随其后建立的宝鸡青铜器博物院。

●9_02.
《历代钟鼎彝器款识法帖》
宋朝薛尚功所著。清朝嘉庆2年(1797)阮元刊行本，1函 2册，白纸线装，半框 19.4×14厘米。收录钟鼎文510种，是宋朝金文著录研究的必备参考书。

●9_03. 上海博物馆全景(网页:www.shanghaimuseum.net)

上海博物馆新馆于1996年10月开馆，为了体现青铜器博物馆之最，博物馆外形仿造了鼎，具有一双鼎耳和圆圆的鼎腹。该馆被评为国宝级青铜器最多博物馆。这得益于青铜器泰斗马承源(1928~2004) 馆长的努力。

●9_04. 商朝"爵"组套
陈列于上海博物馆的商朝爵组套，公元前16世纪~公元前13世纪。

青铜器早在夏朝和商朝就开始了大量的生产，到西周进入了鼎盛时期。所以西周国都陕西省周原地区出土了许多青铜器。因此，在周原故地宝鸡建立了青铜器专题博物馆。"宝鸡青铜器博物院(China Bronze Ware Museum)" 于2010年开馆，是目前中国青铜器博物馆之最。藏有1,200件青铜器，其中有何尊、折觥、厉王胡簋、史墙盘、秦公鎛等120件国宝级青铜器。清朝时期，宝鸡出土了著名的毛公鼎、大盂鼎、散氏盤、虢季子白盤等青铜器，被誉为"青铜器之乡"。

●9_05. 毛公鼎

西周后期。出土于1843年陕西省岐山，高53.8厘米，鼎口直径 47.9厘米。重量34.5公斤。鼎腹里侧壁上刻有32行、共500字(也有497字，499字之说)铭文。展现了西周的文字之最，与大盂鼎、散氏盤、虢季子白盤并称"清末四大国宝"藏于台湾故宫博物院。

●9_06. 台湾的"故宫博物院"(www.npm.gov.tw)

1965年竣工，1966年开馆。1949年国民党从大陆撤出时，北京故宫、沈阳故宫、避暑山庄、颐和园、静宜园、国子监等地的重要皇室藏品均移于此。藏有青铜器、玉器、陶瓷、古代文献、名画、拓本等696,000件，是世界级的博物馆。

在青铜器收藏方面，最具代表性的博物馆，还有台湾的"国立故宫博物院"。1949年国民党战败，从大陆撤退到台湾时，在当时北京故宫（紫禁城）等地移走的文物均展示陈列于此，到1949年为止的清朝皇室所藏宝物均藏于此馆。代表性的青铜器是著名的"毛公鼎"，是迄今为止出土的青铜器中铭文最多的一件。

●9_07. 中国青铜器组套
藏于美国纽约大都会艺术博物馆。有觚（gū），爵(jué)，
斝(jiǎ)等酒盅类器皿；盉(hé)，卣(yǒu)，尊(zūn) 等酒具； 鼎(dǐng)，鬲(lì)，
簋(guǐ)等食器。

●9_08. 西周神面卣

高33.8厘米，藏于Poly Art Museum（保利艺术博物馆，《辉煌璀璨青铜器》，
2002, 30~31页）。

10 金文

表示黄金和铁的"金"字，原本指"青铜器"。其字形描画的是铸造青铜器的模具，于是刻在青铜器上的文字称为金文，即青铜器上的铭文。

在古代，青铜器是权力的象征，是非常贵重的宝物，不是什么人都能铸造的。只有王室才能铸造，后来成为赏赐王的弟兄或功勋卓著的臣子、以及被封为诸侯的赏赐品。于是青铜器上就刻录与此相关的内容，以便子子孙孙永世纪念，这样传下来便成为铭文。

所以金文记录了当时的情况，成为研究中国古代史和社会、及文化的第一手资料。

比如周灭商。《史记》等传统历史资料里都有记录，强大的商一夜间被周所灭，著名的牧野之战就是在商的国都殷墟附近进行的。这只是通过后人的记录传下来，并没有第一手资料，当时的真实情况无从知晓。

●10_01. 金文
"鑄"字(左) 和族徽(右)

但是1976年临潼县出土的利簋铭文，记录了当时周武王征伐商的历史战役，证明了后世历史书记录的真实性。内容如下：

●10_02. 利簋和铭文
于1976年陕西省临潼县出土，收藏于中国国家博物馆。28×22厘米，7.95公斤。西周最早青铜器，生动地记录了周灭商之日的事情，对当日战斗的描写非常生动，也称"武王征商簋"。

武王征商，唯甲子朝，岁鼎，克昏夙有商，辛未，王在阑师，赐有(右)事(史)利金，用作檀公宝尊彝。

[周武王在甲子日早晨对商纣王进行了征伐。[在此之前]，他已进行了岁祭，并得到了吉利的卜辞，预示了胜利。果然，他在一天之内占领了商国的首都。[七天后]，在辛未日，武王在阑的驻军地赏给有功之官'利'一件青铜器。[这是]为了用获赠的青铜来纪念他的先祖檀公，铸造这宝贵的青铜器物。]

关于武王突然征讨商的记录，与《尚书》和《逸周书》等传统文献中的记录完全一致。

不仅如此，通过当时的诉讼记录还可以了解当时的法律制度，最有代表性的是"智鼎"。此器物1778年收藏于清朝学者毕沅处，因后来战事不断，器物失踪，只存留下来拓本。

●10_03.
青铜器铭文装饰图案
（上海博物馆）

据推断是西周恭王（于公元前950年~公元前936年在位）时期的器物，刻有24行410字(下端31个字不是分清晰)的长篇铭文。内容大致分为三个部分，第一部分记录了鼎的主人智，由祖先手中世袭官职（官爵）的内容；第二部分记录了违犯买卖契约的事件；第三部分记录了偷盗谷物的事件。尤其第三部分值得关注，大概内容如下：

名叫匡季的人，其20名家臣盗走智的稻谷10秭（注：1秭为200秉，1秉为1石）。智到东宫状告匡季，经审议，东宫对匡季发出警告，判定匡季向智赔罪，否则对匡季加大惩罚。匡季向智赔偿了5块田、1名奴隶、3名仆役。匡季认为自己没有违法行为，没有道歉。于是，智再次提出诉讼，东宫再次做出判决，匡季须向智赔偿丢失稻谷的两倍，为20秭。如到来年还未赔偿，则再次翻倍，须赔付40秭。于是，匡季赔付智，等同盗走量的稻谷、2块田、1名仆役。

通过这个诉讼过程和关于损失赔付的判定，我们能了解到，2800年

前土地经济是多么重
要，执行法律是多么
严格。尤其对偷盗行
为和损失赔付，以及
向受损者致歉的判
决，唤醒人们不仅要
付法律责任，还要担
负道德责任，对犯罪
是一个警醒。不仅如

●10_04. 金文
"法"字和隶书"法"字

此，被起诉人匡季是战胜国周的臣民，而起诉人曶是被征服的国度殷的
流民，可见当时法律的执行，不论身份与地位，执行法律很公平，这一
点让我们惊叹不已。

这很好地体现了"法"字源的深刻内涵，"正义公平"。2800年
前的法律，执行得如此严格、公平，确实令今天生活在法治社会的我们
深思。

除此以外，金文
还刻有氏族的(1) 族
徽、(2)祭祀、(3) 册
命、(4)分封等，即
君王对诸侯任命的任
命录；还有关于 (5)
战争、(6)法律事
务、(7)土地制度、

●10_05. 金文所见"族徽"

(8)功绩、(9)结婚等，官爵制度、教育制度、君王与诸侯间进贡，即朝
贡制度，以及关于军事训练和大规模狩猎活动等。还有对后世子孙教诲
的话语，或只单纯记录了器物制作者的姓名，以及当时乐律的记录。

●10_06. '智鼎铭文'

西周恭王时期的文物。刻有24行 410字(底端的31字不十分清晰)的铭文,记录了
主人家族的世袭过程和买卖中违犯契约的行为,以及关于盗窃事件的判决等内
容,为了解当时法律有很大帮助。

11 战国文字

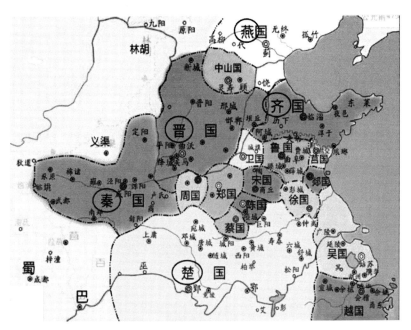

●11_01. 战国时代文字的五大系列

东部以齐为首的系列文字包括鲁、邾、倪、任、滕、薛、莒、杞、纪、祝等国；中原地带以晋为首的系列文字，有晋、韩、赵、魏、中山、郑、卫等国；西南方以楚为首的系列文字包括楚、吴、越、徐、蔡、宋、曾等国。还有北端的燕系列文字，西部的秦系列文字等五大部分。尤其包括长江流域、汉水和淮水之间诸小国在内的楚系列文字，较之其它四个地域，具有南方特色，字体具有浓重的装饰性，非常华丽。

●11_02. "王子用戈"表示王子使用的戈，每个字都有鸟的图案作为装饰.

公元前770年统治中国的周朝由于外族入侵，不得不由西安迁都洛阳。以此为契机，历史上称迁都前为西周，迁都后称东周。曾经号令神州的周室王朝受到了极大损伤，统治力量也受到冲击，统治地域缩小了不少，于是历史进入了各诸侯争霸阶段。

东周又分为春秋和战国两个时代，春秋由孔子所著鲁国史书《春秋》而得名（至公元前476年，或者至公元前403年），战国是由后期诸侯争霸，战事不断而得名，意为"战争的时代"。名存实亡的天子国周，于公元前256年被诸侯国秦所灭。

此时各诸侯国的力量非常强大，纷纷争霸，进入了弱肉强食的时代。由最初的400多个诸侯国到最后的七国，史称"战国七雄"，最终被秦统一，实现大一统。

●11_03. '戰'的隶书体（左）和楚国竹简体（右）

经历了分裂阶段，诸侯国形成了各自独立的制度和文化，车不同轨、书不同文。于是秦始皇统一天下，实行中央集权，统一文字、统一度量衡。由此，除秦国以外的其它各诸侯国文字在历史上销声匿迹。

由于各诸侯国的文字消失，我们无从了解它们各自的特色，直至20世纪人们才开始有了这个意识。

这个意识的产生源于一个人，就是甲骨四堂之一的王国维(1877~1927)。他发表了一篇与之相关的论文《战国时秦用籀文六国用古文说》。

他在论文中指出，战国时代各地域的文字有所不同，西边的秦使用籀文，而除秦以外的诸侯国使用古文，东边地域以古文为代表，西边地域以籀文为代表。王国维此见解，使战国文字研究更加踊跃，研究也

●11_04.
三孔布币，三孔铲状货币

●11_05. 楚帛书
出土于湖南省长沙马王堆，汉初帛书，
字体为初期的隶书。

●11_06. 战国时代的玺印组
从左至右，依次为"上官黑""日庚都萃车马""勿正关玺"。

更加精细。于是将战国文字分为五大区域，西以秦为首、北以燕为首、西南以楚为首、东以齐为首，中原地域以晋为首。

从今天发掘的文字资料来看，南楚文字最有特色，有以鸟的图案作为装饰的"鸟虫书"，也有笔画像蝌蚪的"蝌蚪文"，出现了千姿百态的装饰性汉字。

●11_07. 鸟虫文
每个字中都有鸟作为装饰。

●11_08.
"中山王方壶"的铭文(第一面)'.
出土于1974年河北平山县，壶的四面共刻有40行450字。不仅为我们提供了战国时代中山国的历史，也为我们研究战国文字提供了宝贵资料。据推断是战国中期(约公元前4世纪)文物，现存于河北省博物馆。

●11_09. 战国时期楚国竹简

藏于上海博物馆,竹片加工得非常轻薄。用毛笔书写,记录的是孔子关于诗本质的论述,是文献中没有的记录。也是研究孔子文学思想的重要资料。

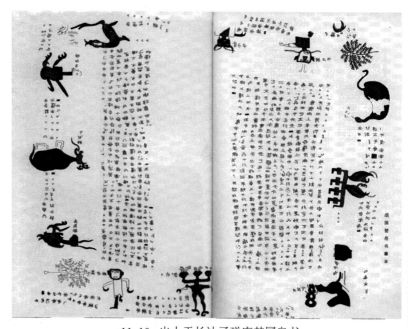

●11_10. 出土于长沙子弹库楚国帛书

战国中期楚国作品。于1942年湖南省出土,现藏于美国纽约大都会艺术博物馆。

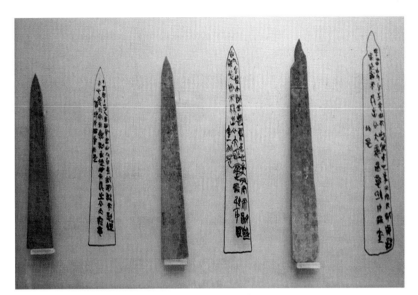

●11_11. 侯马盟书

盟书是战国时代诸侯或卿大夫之间，订盟誓约中所记载的言词，也称载书。于1980年河南省沁阳出土的《温县盟书》(约5,000片)和1965年陕西省侯马晋国遗址中发现的《侯马盟书》(5,000余片)最为代表。尤其《侯马盟书》是用毛笔在玉石片上书写的，外形基本一致,是圭的形状。大的长32厘米、宽3.8厘米、厚0.9厘米，小的长18厘米、宽2厘米、厚度只有 0.2厘米。是盟主孟赵主持签署的盟约，记录了对所犯罪行的诅咒和指责，祈求神灵降罪惩罚的内容。

●11_12. 武汉大学简帛研究中心
(Research Center of Bamboo and Silk, Wuhan University)

(http://www.bsm.org.cn)前身是武汉大学楚文化和楚地出土文献研究所，于2003年成立。2005年正式挂牌为武汉大学人文社会科学中心。主要研究方向为①以战国文字为中心的古文字研究；②以简帛为主的战国秦汉出土文献整理和研究；③以简帛文献为主的先秦史、秦汉史研究；④对简帛文献解读的新技术应用等。目前在学术研究和数据成果，以及国际交流方面，简帛领域的研究走在最前沿。

●11_13. 湖北省博物馆全景和网址信息●

名称	湖北省博物馆/Hubei Museum
网址	http://www.hbww.org
简介	湖北省博物馆筹建于1953年，坐落于湖北省武汉市武昌区东湖风景区，占地面积81,909平方米，建筑面积49,611平方米，展厅面积13,427平方米，有中国规模最大的古乐器陈列馆。 湖北省博物馆是国家一级博物馆、出土木漆器保护国家文物局重点科研基地、国家AAAAA级旅游景区，也是湖北省规模最大、藏品最为丰富、科研实力最

强的国家级综合性博物馆。

尤其，1965年在江陵望山一号墓出土的"越王勾践剑"与"吴王夫差矛"，是实证"卧薪尝胆"故事的重要文物。另外，1978年于湖北省随县曾侯乙墓出土的"曾侯乙编钟"是战国时代的编钟，仅钟架长就有748厘米，高265厘米，重4.5吨左右。全套编钟共65件，是中国古代成套乐器之最。

地址	湖北省武汉市武昌区东湖路156号
参观时间	周二~周日9:00-17:00(15:30之前入场)，无门票，参观所需时间：2~3小时。
乘车路线	公交：可乘14号线，108号线，402号线，411号线，552号线，省博物馆下车。
特色	1953年开馆， AAAAA级遗址， 国家一级博物馆
主要文物	"越王勾践剑""吴王夫差矛""曾侯乙墓编钟""郧县人头骨化石"等。
类型	文物、研究博物馆
参考网址	http://baike.baidu.com "湖北省博物馆"

●11_14. 湖南省博物馆网址信息●

名称	湖南省博物馆/Hunan Provincial Museum
网址	http://www.hnmuseum.com
简介	位于湖南省长沙市开福区烈士公园旁。总面积为5.1万平方米，建筑面积为2.9万平方米。1951年开始筹备建馆，1956年正式开馆，是湖南省最大的综合性历史艺术类博物馆，是中国首批国家一级博物馆，湖南省AAAA级旅游景点。 湖南省博物馆有馆藏文物18万余件，尤以长沙马王堆汉墓出土文物、商周青铜器、楚文物、历代陶瓷、书画和近现代文物等最具特色。2012年6月湖南省博物馆新馆工程进入建设阶段，于2017年 11月29日新馆正式开馆。
地址	湖南省长沙市东风路50号
参观时间	周二~周日9:00-17:00，无门票，参观所需时间：3~4小时。
乘车路线	地铁: 1号线培元桥站下车，换乘11号线2号线，222号线 公交: 3号线、113号线、112号线、131号线、136号线、146号线、150号线、302号线、303号线、901号线等。
特色	AAAA级
主要文物	马王堆汉墓出土文物，商周时代青铜器、西汉绢织衣物、《西汉T型帛画》、《御龙帛画》等。
类型	专门博物馆
参考网址	http://baike.baidu.com "湖南省博物馆"

12 秦系列文字

经历了长期的战争与不间断的分分合合，于公元前221年，绝世英雄秦始皇嬴政统治下的秦，最终一统天下。整个中国版图出现了前所未有的广大，秦也成为大帝国，结束了以往的分裂、各自为王的现象，实行了强有力的中央集权统治。为了集权、提高统治效率，秦始皇不仅实施思想统一的政策，还进行了包括道路、文字、度量衡等一系列的统一。

秦始皇命丞相李斯(约公元前284～公元前208)制作标准字体，小篆。李斯为了在全国范围推广普及，编纂了标准教材《仓颉篇》（目前已失传）。秦始皇也在巡游过程中，以小篆体刻录碑文，同时还以小篆体在衡器上进行刻录，为推广普及文字统一做出了不懈努力，这也体现了秦始皇在强调秦政权的正统性与合法性。

●12_01. 秦始皇
公元前259年～公元前210年。姓嬴，赵氏，名政。秦国庄襄王之子。中国第一个统一国家的开创者，第一位使用"皇帝"称号的人。

小篆的具体创造过程，目前还无从可考。据推测，是以统一前的秦文字为中心，吸收融合其它六国文字，统合而成。所以统一后的秦帝国文字称为"小篆"，战国时期的秦国文字称为"大篆"。

1. 大篆

大篆的字形从目前流传下来的文物中能够找到痕迹。最为代表的是《石鼓文》，因刻石外形似鼓而得名。发现于唐初，共计十枚，每一枚刻有大篆四言诗一首，共十首诗718字。后来，部分散佚，宋朝的拓本为465字，明朝的拓本为462字。目前仅存一件，现收藏于北京故宫博物院。

关于《石鼓文》时代的考证有许多种说法，有人认为是秦襄公时的文物(公元前778年～公元前766年在位)，还有学者认为是秦文公时的文物(公元前765年～公元前716年在位)，有的也认为

●12_02. "石鼓文"和拓本
"吾车既工. 吾马既同, 吾车既好"

是秦穆公时的文物(公元前659年~公元前621年在位)，总之，大约是在公元前8世纪到公元前7世纪的文物。

遒车既工，
遒马既同。
遒车既好，
遒马既阜。
君子员猎，
员猎员游。
麀鹿速速，
君子之求。
驲驲角弓，
弓兹以持。
吾驱其特，
其来趩趩。
趩趩㕙㕙，
卽邀卽時。
麀鹿趚趚，
其来亦次。
吾驱其朴，
其来遺遺，
射其猏独。

●12_03. 大篆和小篆的区别
吴昌硕的大篆"石鼓文"，
小篆《说文解字》集字。

这是刻录在《石鼓文》第一石上的诗，为我们生动再现了1900年前畋猎时的情景。

除此以外，还有《诅楚文》，如题所示诅咒楚国之文。是秦王向巫咸、大沈厥湫、滹沱等神灵祈求，使位于南方的强大对手楚国消亡的内容，刻在石碑上，在北宋时期发现，很可惜至今碑石与拓本全部散佚，只存下了摹写本，大约300字。

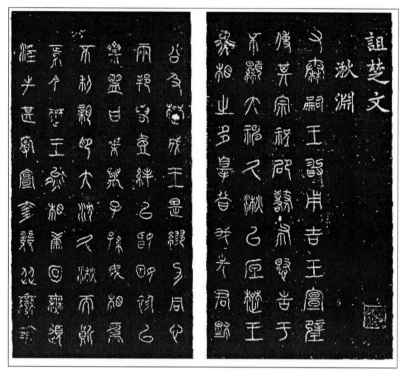

●12 04. 诅楚文

　　关于《诅楚文》的制作时间也众说纷纭，大体有两种主张，一种主张是秦惠文王(公元前356年~公元前311年在位)或秦武王(公元前310年~公元前307年在位)诅咒楚怀王(公元前328年~公元前299年)的；第二种主张是秦昭王(公元前306年~公元前251年在位)诅咒楚顷襄王(公元前298年~公元前263年在位)的，目前认为是前一种说法的更加普遍。

　　另外，还有青铜器铭文，就是"秦公簋"。是春秋时期秦景公的礼器，于1923年甘肃省天水出土，现收藏于中国历史博物馆。

●12_05. 秦公簋

春秋秦景公礼器；高 19.8 厘米、口直径
18.5 厘米、足宽 19.5 厘米。于 1923 年甘肃省天水县西南乡出土，现藏于中国历史博物馆。54 字铸于盖上，51 字铸于器上，铭文内容记载秦国建都华夏直至景公，历经 12 代的功绩与威名。铭文字体与"石鼓文"相近，是大篆的重要资料。器和盖上各有秦汉间刻款 8 字，证明当时收藏于官府。

●12_06. 秦公簋纪念邮票

●12_07. 秦始皇兵马俑坑, 秦始皇帝陵博物院(www.bmy.com.cn).

名称	秦始皇帝陵博物院/Emperor Qinshihuangs Mausoleum Site Park
网址	www.bmy.com.cn
简介	秦始皇帝陵博物院是以秦始皇兵马俑博物馆为基础, 以秦始皇帝陵遗址公园（丽山园）为依托的一座大型遗址博物院。1974年03月, 秦兵马俑坑被发现, 被誉为"世界第八大奇迹"、"二十世纪考古史上的伟大发现之一"。1987年, 联合国教科文组织将秦始皇帝陵（含兵马俑坑）列入《世界遗产名录》。2007年, 秦始皇帝陵博物院获评首批国家AAAAA旅游景区, 景点包括秦始皇兵马俑博物馆和丽山园。两个景点相距2200米, 观众可乘坐免费旅游专车往返。2008年, 秦始皇兵马俑博物馆获评首批国家一级博物馆。
地址	陕西省西安市临潼区, (029)81399127
参观时间	旺季(3月16日~11月15日) 08:30~18:35(17:00 以后停止入场) 150元 淡季(11月16日~3月15日) 08:30~18:05(16:30 以后停止入场) 120元 参观所需时间：2~3小时。
乘车路线	公交路线：西安火车站东广场出发, 可乘(遊) 5号专线(306号线), 915号线, 914号线.
特点	2009年2月11日完工, 开放。
主要文物	兵马俑1号坑、2号坑、3号坑、铜车马、秦百戏俑、青铜兵器等
类型	遗址, 文物博物馆。
参考网址	http://baike.baidu.com

●12 08. 秦始皇帝陵博物院网址信息●

2. 小篆

(1) 《泰山刻石》

秦始皇统一六国后的第三个年头公元前219年，率文武大臣开始东巡。他想亲眼看看自己的领土到底有多大，登顶泰山祭告天神秦帝国的诞生，相传泰山是五岳中最神灵的山。

●12 09. 泰山刻石(部分)

秦始皇一行首先到达峄山 (今天山东省邹城市)，将统一中国的功德刻在刻石上，昭示万代。又率文武大臣、儒生及博士70人，登顶泰山祭拜天地，举行封禅大典，又将此行刻于刻石上以留纪念。这两座碑石称为《峄山刻石》和《泰山刻石》。都是由小篆大家李斯亲自执笔，字体是秦统一后的小篆，现只存留了一部分。除这两座刻石外，还有琅琊台、碣石、会稽、芝罘、东观等共7处也立有碑石。

从此后，许多皇帝登基，都要到泰山举行封禅，并将其刻在石碑上。《泰山刻石》是泰山众多石碑中，最早的石刻碑作品。秦朝灭亡，同秦皇宫、秦陵墓的命运一样，石刻碑被气愤的群众损毁。后来到了明朝，发现了《泰山刻石》碎片，很可惜仅存29字，然而仅存的《泰山刻石》残石，也于乾隆5年（1740）的一场大火焚为灰烬。嘉庆20年（1815），于泰山顶玉女池发现仅存10个字的《泰山刻石》碎片，这是小篆最具代表性的实物资料，是李斯亲笔所作，非常珍贵。

(2) 诏版

●12_10. 秦始皇诏石权
刻在秤权上的秦始皇诏书

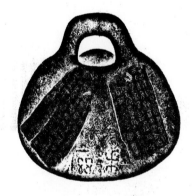

●12_11. 秦权二世诏书
秦权是秦二世时期的衡器，刻有公元前221年秦始皇统一度量衡合法性的内容，文字为当时的标准书体小篆。

秦始皇的另一大功绩就是统一度量衡，对长度、重量、体积等度量单位进行统一。这是对拥有各自标准的诸侯国，实行统一管理最有效的

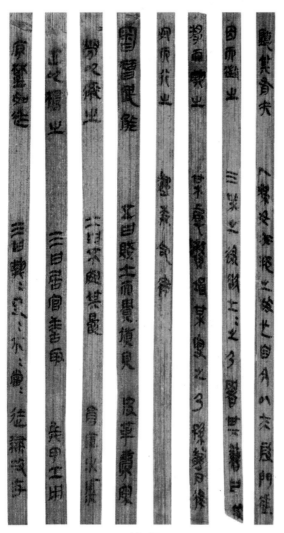

●12_12.

睡虎地出土的秦竹简(《法律问答》中的部分竹简)
《法律问答》（共210简），以问答形式对秦律的主体
部分刑法、条文、术语及律文的意图进行解释。以秦小
篆为主，也呈现出初步的隶书笔法，证明是由小篆转型
为隶书的初级阶段。长方形的小篆体逐步转向横向，而
且出现笔峰上扬的隶书特征。

工作，也是帝国统一的最有效、最有意义的工作。公元前221年秦始皇统一天下，自称"皇帝"，故"秦始皇"。这一年，秦始皇颁布统一度量衡，并将其意义刻在秤权、容器上，这就是度量衡的诏书，也叫诏版，直至秦二世一直沿用。

(3)竹简

秦国以法家一统天下，建立了大秦帝国。所以当时的法律，对研究中国法律史非常重要。但随着秦的灭亡，一切几近灰烬，无法做更详尽地了解。

不过1975年，湖北省云梦县睡虎地发现了1,155枚秦代竹简；又于1989年，湖北省龙岗发现150枚秦代竹简，于是相继出现了多地发现秦简的事情。

尤其《睡虎地竹简》，经过整理发现共有十个内容：《编年纪》记录了秦国昭王元年(公元前306年）至秦始皇30年(公元前 217年)的重要事件；《语书》是秦始皇20年(公元前227年)间，南郡郡守腾的进谏（报告书）；《秦律18种》记录了秦国主要的18条律法；《效律》是对官衙审理财产时应遵循的全部制度；《秦律杂抄》是关于军官的任免、作战时的纪律、战后奖惩等法律规定；《法律问答》是对法律有疑问的部分进行法律解释；《封珍式》是关于管理监狱的规定与文书的样式；《为吏之道》是关于处世做官的规矩，供官吏学习；《日书》的内容与阴阳五行思想有关，分为甲种和乙种。其内容不但体现了当时的秦律法，而且还弥补了中国法律史的空白。

13 许慎和说文解字

●13_01. 许慎铜像和墓位
"许慎文化园"中的许慎铜像和位于铜像后的墓

　　秦始皇想传万代千秋，不曾想短短14年便灭亡了。依靠强权永固的秦国梦就这样破碎了。强权有多少，反抗就有多少，秦朝的痕迹被抹去得彻彻底底。随即建立的大汉王朝很自然地以秦为反面教材。

汉初力求恢复曾因秦的强压政治而疲惫的民生，运用道家思想使百姓休养生息。汉武帝时期独尊儒术，设置太学、博士，重新复原了因焚书坑儒而消失的诗、书、礼、乐、易、春秋等儒家经典。废除秦始皇的"挟书律"，下令收集民间残留的书籍。

经过努力，大部分儒家经典得以复原，并使用当时的书体隶书整理记录这些典籍并普及。汉景帝三年（公元前154年），曲阜的鲁恭王为了扩建王宫，拆除孔子故宅时，发现墙壁内的《尚书》《礼记》《论语》《孝经》等著作。由于发现于孔子故宅，故称"孔子壁中书"。这些书均为当时秦始皇时期的小篆体。

更重要的是，当时博士复原这些书的过程中，发现与隶书经典存在许多差异。于是又引出了关于经典的大讨论，最终扩大到真伪问题。当时认为以隶书整理的典籍是真品的一派叫"今文学派"，认为孔壁典籍是真品的一派叫"古文学派"。因为前者是以"当时文字（今文）"书写的，后者是"古代文字（古文）"书写的。

在当时主宰学问导向的是"今文学派"，但随着时间的推移，相信孔壁经典的"古文学派"逐渐多起来。于是有危机感的今文学派主张孔壁典籍是"伪造"的。

"古文学派"为了证明孔壁典籍并非伪造，开

●13_02. 鲁壁

为躲避焚书坑儒，当时藏于孔子故宅的大量经典在汉朝出土。也以此为契机，今文学派和古文学派的争论愈发激烈，这极大地推动了汉朝文学的发展。

始证明经典中的文字是从古代传下来的"真品"。于是以古文学派学者为中心，开始研究包括小篆资料在内的、新出土的古文字，对其结构以及个别汉字的字源进行研究。这些研究的集大成便是许慎(58?~148)的《说文解字》。

《说文解字》是中国第一部、也是至今最具权威的字典，涵盖了当时所有汉字9,353字，并对每个汉字的结构、读音、含义（本义与派生义项和假借义项）等等逐一进行详细注解，许慎编纂此著作耗时长达30年。

《说文解字》对汉字学做出了卓越贡献。第一，是一部根据字形研究汉字字源的范本，开创了"汉字研究"之路；第二，确立了以"六书"为代表的研究汉字结构的理论；第三，开创了以"部首"为代表的汉字分类法；第四，为保存当时的读音、重构古代汉字读音有很大帮助；第五，书中提供的诸多异体字资料，对解读古代汉字有很大帮助。所以，

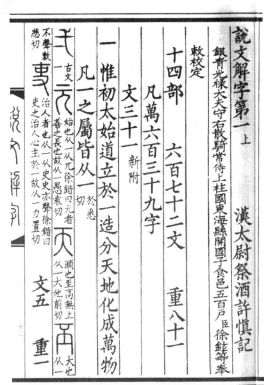

●13_03. 《说文解字》
汉代许慎于公元100年完成的中国第一部字书，是至今顶级巨著。对9,353个汉字，进行字形分析、说解字义、辨识声读。在此还创立了六书说和部首等概念，为汉字学理论发展做出了巨大贡献。

许慎被尊为"汉字学的鼻祖""字圣""文化宗师"。

《说文解字》成为汉字研究的经典，被后人不断地研究，清代段玉裁(1735~1815)的《说文解字注》最为代表。段玉裁从 1780 年开始编著直至 1808 年完稿，于 1815 年出版发行，时间长达近 30 年。此书纠正《说文解字》中出现的错误，进行注解和论证，是巨著中的巨著。

●13_04. 许慎文化园

2010年10月27日，对许慎陵园进行升级完善工程，举行盛大地"许慎文化园(www.xswhy.com)"开园仪式。

清代流行考古学，盛行研究《说文解字》，出现了以段玉裁、桂馥、王筠、朱骏声"说文四大家"为中心的许多大学者，其中段玉裁位列前茅。

●13_05. 许慎祠堂

许慎的故乡位于河南省漯河。悬挂"许南阁祠"匾额，许南是许慎的号，现也称"许慎纪念馆"。

●13_06. 段玉裁铜像

段玉裁是清代研究《说文解字》的代表学者，其著作在"说文四大家"桂馥的《说文解字义证》、王筠的《说文句读》和《说文释例》，以及朱骏声的《说文通训定声》中位于榜首。这座铜像位于今天江苏省常州市金坛的段玉裁纪念馆。为了纪念段玉裁诞辰250周年，纪念馆于1985年10月25日建成。

●13_07. 许慎文化园网页和网址信息●

名称	许慎文化园/Xu Shen Cultural Park
网址	www.xswhy.com
简介	许慎文化园以全国重点文物保护单位许慎墓为核心，2008年9月开工。广场服务区3.2万平方米，有六书石柱、文字大门、翰林阁、景区管理中心、许慎文化研究中心、游客服务中心、旅游纪念品商店等建筑。中心展示区3.3万平方米，有汉字大道、字圣殿、叔重堂、说文馆、文化长廊、魁星亭、字形牌坊等主要建筑。墓冢保护区4.3万平方米，主要为文物本体以及部首方阵、字形解义、字源石、蟾桂山等景观小品。2006年05月， 文化园内的许慎墓作为汉代古墓葬，被国务院批准列入第六批全国重点文物保护单位名单。2014年04月，被评为国家AAAA级旅游景区。
地址	河南省漯河市召陵区
参观时间	夏季： 8:30~18:00，春秋冬季：9:00~17:00. 门票： 40元，学生票： 20元/人，游园需4小时，导游 50元/队. 咨询电话： +86-395-6770677
乘车路线	公交： 7路， 69路， 101路 许慎文化园站下车。
特色	具备体验空间和主题空间
主要文物	许慎墓、字圣殿、叔重堂、说文馆、翰林阁、六书广场
类型	旧址、文物、主题博物馆
参考网址	http://baike.baidu.com

14 汉代隶书

　　秦始皇为了中央集权更成体系、提高统治效率，将文字统一为小篆。但是秦帝国统一不到15年便宣告灭亡，汉朝建立。汉朝一反秦帝国对知识的强权政治，崇尚人文，复原儒家经典，强化太学和博士制度，有力地促进了文化大发展。

　　在此过程中，文字的使用频率大幅增加。文字使用人群的扩大，要求文字书写便利、书写工具经济实惠、字形也更加简单，以便提高书写速度，一系列的连贯效应带来了书写工具和书写材料的进步和发展。

　　使用秦小篆没多长时间，为了提高书写速度，出现了新的字体"隶书"，并开始流行，而且很快成为标准字体，史称这时期"隶变"。从此，奠定了今天汉字的基本形态，汉武帝时期隶书基本稳固，以这个时期为分界线，汉武帝以前称为"古代汉字时期"，汉武帝以后称为"现代汉字时期"。

●14_01. 隶书体书写的"隶书"

汉朝使用的标准字体为隶书，说来这个名字很有趣，字体的名称竟然有奴隶的"隶"字，为什么会有"隶"字呢？据说由秦朝末年管理监狱的徒隶而得名。由于当时法律苛刻，犯罪人数增加，使用小篆进行笔录速度慢费时，为了提高书写速度产生了新字体，由于是徒隶创造的文字，故称"隶书"。

●14 02. 隶书体书写的"八分"

另一种说法是为了辅助当时的标准字体小篆，而衍生出的字体。隶，有隶属的含义，是附属的意思。两种说法都有可能，不过汉朝时期隶书也称佐书，所以后者的可能性更大。

总之隶书是当时秦朝非正式字体，作为辅助的字体，使用范围受到一定限制，主要是下级官吏徒隶使用，隶书的名称反映了当时文字使用者的阶层。

后来隶书的进化非常迅猛，到了汉武帝时期已经替代了小篆，成为当时的标准字体。为了区分标准字体隶书和之前的"秦隶"，此时的隶书称"汉隶"。"秦隶"是秦末刚产生的初级阶段，"汉隶"是汉朝的隶书，进入了较成熟的阶段。

有时也称汉代隶书为"八分"，意思是"十有八分"，即百分之八十的意思。完全成熟的隶书略为宽匾、横向展开。也有的说"八分"这名称形象地体现了隶书的横与竖比例为十比八。还有的说，隶书由小篆发展而来，继承了小篆的八分字体。书法史上称隶书为"分书""分隶"都源于"八分"。

　　万物都在发展变化之中，汉字也不例外。事物发展到至极就会出现新的形态，当隶书演变到极致时，发展的脚步依然没有停止，到了汉末出现了"新隶"，顾名思义"新的隶书"，就是后来"楷书"的雏形。

●14_03. 《曹全碑》(拓本)

●14_04. 《乙瑛碑》(拓本)
也称《孔龢碑》，制于153年(东汉永兴元年)。现收藏于曲阜孔庙，共18行720字。是具有代表性的"汉隶"。

●14_05. 《广开土大王碑》(拓本)

典型的初期隶书。高句丽第 20 代王长寿王为其
父广开土大王所立之碑，现位于中国集安市通
沟。中国也称"好太王碑"。发现于清末，四方柱
体，高 6.39 米，下宽为 1.34~1.97 米，上宽
1~1.6 米。刻有 44 行 1,775 字。1961 年列为首届
国家重点文物。

第七篇　军争　先知迂直之道者胜，此军争之法也。

第六篇　虚实　善战者致人而不致于人。

第五篇　势　凡战者以正合，以奇胜。

第四篇　形　故胜兵先胜而后求战，败兵先战而后求胜。

第三篇　谋攻　故百战百胜非善之善者也，不战而屈人之兵，善之善者也。

第二篇　作战　兵贵胜，不贵久。

第一篇　计　兵者国之大事也，死生之地，存亡之道，不可不察也。

●14_06.《孙子兵法》竹简

1972年出土于山东省临沂银雀山第1号墓，是7,500余枚的竹简中的一部分。
《孙子兵法》第13篇开篇部分（《银雀山汉墓竹简博物馆》，26页）。

●14 07. 临沂银雀山汉墓竹简博物馆'(qq.mafengwo.cn)

●14_08. 银雀山汉墓竹简博物馆网址信息●

名称	银雀山汉墓竹简博物馆/Yinque Bamboo Slips Museum
简介	位于山东省临沂市兰山区银雀山西南麓，中国第一座汉墓竹简博物馆。1981年破土动工，1989年竣工正式对外开放，现为全国重点文物保护单位，是中国第一座汉墓竹简博物馆。 银雀山汉墓竹简博物馆占地面积约10,000平方米，建筑面积2,400平方米。馆藏一、二号西汉墓发掘出土了7,500余枚以先秦兵书为主要内容的竹简，以先秦时期的兵书为主。尤其《孙子兵法》和1700年前失传的《孙膑兵法》的出现震惊世界，被评为20世纪100年100项考古大发现之一。 银雀山和金雀山的地下有规模较大的汉代墓群，以西汉墓葬为主，兼有战国至唐、宋、元、明、清历代的墓葬群。1964年被发现，1972年至1986年先后发掘一百余座墓葬，大多是西汉前期墓葬。
地址	山东省临沂市兰山区沂蒙路219号
参观信息	全年开放， 30元/人
乘车路线	公交：9号线市委南大门站下车，徒步可到达
特色	国家AAA级旅游景区，国家重点文物保护单位
主要文物	竹简4,942枚
参考网址	http://baike.baidu.com "银雀山汉墓竹简博物馆"

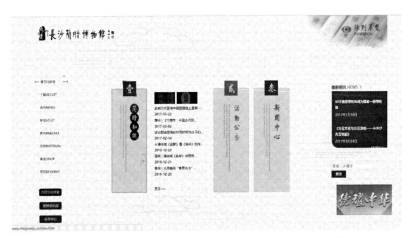

●14_09. 长沙简牍博物馆网页主页面(2017年 03月 27日检索)

●14_10. 长沙简牍博物馆全景和入口（网页）

名称	长沙简牍博物馆/Changsha Bamboo Slips Museum
网址	http://www.chinajiandu.cn/
简要	成立于2002年，是中国首座集简牍收藏、保护、整理、研究和陈列展示于一体的现代化专题博物馆。长沙简牍博物馆占地30亩，主体建筑面积14,100平方米，绿化广场8,000余平米，馆内展览面积约5,000平方米，分为上下两层。藏品主要为1996年长沙走马楼J22井出土的14万

	余枚三国孙吴时期纪年简牍；1997年5月长沙五一广场西北侧科文大厦工地出土的数百枚东汉简牍；2003年10月长沙走马楼J8井出土的2千余枚西汉初年纪年简牍，以及1993年发掘的西汉长沙王后"渔阳"墓简牍、青铜、漆木、书画、玉石、金银等文物约3500件。 2009年5月，长沙简牍博物馆被国家文物局评为国家二级博物馆，2017年1月，长沙简牍博物馆被评为国家一级博物馆，2007年11月8日正式对外开放，2008年10月28日向社会免费开放，每年平均接待游客70万人次，其中成人30%，国外游客站10%。
地址	(410002) 湖南省长沙市天心区白沙路92号
参观时间	星期三——星期一上午9:00至下午5:00（下午4:30停止领票进馆）开馆，每周二、除夕、正月初一、初二闭馆
乘车路线	公交：旅2路、122路、202路、314路、406路、803路、东线至城南路口站下车，或者坐124路、901路天心阁西门下车
特点	长沙简牍博物馆
主要文物	嘉禾吏民田家莂(长 47.5~49.8厘米，宽 2.6~3.5，厚 0.5~0.7厘米，1996年 长沙走马楼22井出土) "陛下赠物"木楬(长 17厘米，宽 5厘米，厚 0.3厘米，1993年长沙望城坡古墳垸)第1号汉墓出土， 西汉皇帝赐给长沙國王后衣物及随葬品目录
类型	综合文物博物馆
参考网址	http://baike.baidu.com "长沙简牍博物馆"

●14 11. 长沙简牍博物馆网址信息 ●

15 行书与草书

　　"洛阳纸贵"比喻作品广受欢迎。源于西晋(266~316)文学家左思(约250~305)的作品《三都赋》，在当时京城洛阳广为流传，人们纷纷传抄，造成纸张供不应求，使洛阳的纸价上涨。《三都赋》是描写魏、蜀、吴三国繁华景象的一部作品。

●15_01. 兰亭
位于浙江省绍兴市西南角兰亭镇的兰渚山下。是东晋时期书法家王羲之的庭院。正如《兰亭序》描写的那样"崇山峻岭，茂林修竹；又有清流激湍，映带左右"。春秋时期，越王勾践在此地种过兰草，汉代在此设立过驿亭，由此得名"兰亭"。明嘉庆27年(1548)，进行翻修，于1980年复原。

汉代以后，魏晋时期中国的纸张已普及，个人的文学作品和文化活动也非常活跃，人们的阅读量和使用汉字的人群急剧增加，出现了一夜间"洛阳纸贵"的现象。随之也带来了技术革命，促使提高生产，纸张变得物美价廉。由此，汉字从抄写经典转为抄写文学作品，最终发展成艺术。如此背景下，汉字的书写变得更加方便，书写形式和方法也变得多样。正是这个时期，出现了专门从事书法的书法家。

艺术家和文人的广泛参与，给汉字的字体带来了新变化，形成不同的各种字体。其中，钟繇(151~230)和王羲之(303~361)是最具代表性的书法家，尤其王羲之被尊为书圣，为行书、草书、楷书的形成做出了巨大贡献。

行书，"行"表示"行走"，行书介于楷书和草书之间，是为了弥补楷书的书写速度慢和草书难以辨认的不足而产生的，是平时书写生活中经常使用的字体。王羲之的《兰亭集序》是行书的代表之作。

●15_02. "行书"集字
上为赵孟頫书体、下为王献
之书体。

●15_03. 王羲之《兰亭集序》(神龙本)

东晋永和 9 年(353) 3 月 3 日，

王羲之和谢安、孙绰等 41 名文人汇集山阴兰亭举行禊礼，饮酒赋诗赏景，事后将作品结为一集，由王羲之为此集写了序文手稿《兰亭集序》，成为王羲之书法作品中的代表之作。

●15_04. 位于山东临沂市的王羲之故居

王羲之，号逸少，303年出生于琅琊郡(今临沂市)，自幼喜爱书法，其书法兼善隶、草、楷、行各体，精研体势，心摹手追，广采众长，备精诸体，冶于一炉，与其子王献之合称为"二王"。王羲之在此生活至307年，后举家南迁至会稽山阴（今浙江省绍兴市）。故居曾被用作寺庙，于1989年重新修缮。

　　草书，恰如其名风吹小草，广义上凡写的潦草的字都算作草书。关于草书的形成众说纷纭，有说是秦代形成的，也有人说形成于汉代，但是普遍认为草书流行于汉代。

东汉章帝(76~88年在位)时期，书法家杜度的草书非常流行。这时期的草书叫"章草"，属于草书的初级阶段。以后三国时期，皇象的章草入神。章草虽是草书，但也保留了隶书的特点，辨识不是很难。不过随着时间推移，草书愈发洒脱飘逸，称为"今草"。王羲之的《十七帖》就是今草的代表之作。后来今草更加潦草放纵，发展为"狂草"。狂草如同

玉龙飞舞、一阵狂风横扫野草，笔势相连而圆转，字形狂放多变，很难辨识。唐代张旭的《草书古诗四帖》正是狂草的代表之作。

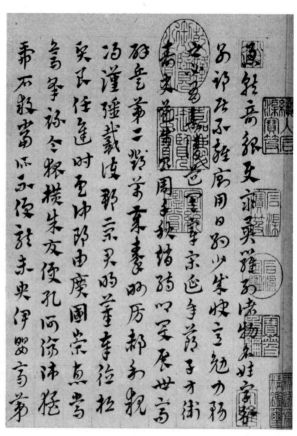

●15_05. 皇像的《急就章》

赵孟頫用章草抄写皇象的《急就章》。《急就章》总1,394字，无一字重复，文章优美，是儿童识字的优秀教材。

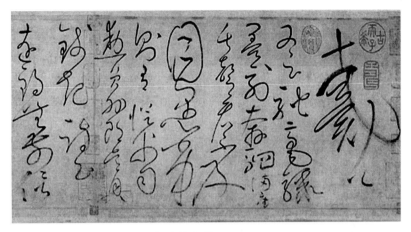

●15 06. 怀素的狂草(www.jia360.com)

草书提高了书写速度，缩短了书写时间，这是它的长处，可由于草书过于潦草放纵，不好辨识，即使美观经济，却没能起到沟通作用。所以草书没能成为标准书写体。

于是汉末产生了既保证书写速度，又容易辨识的楷书。"楷"即楷模，义为字体的楷模。后来经历了魏晋南北朝，进入唐朝以后得到更大发展，正如其名具有字体楷模的稳固地位，成为标准书写字体。1949年新中国成立，在此基础上进行简化，开始使用"简化字"，在韩国、日本、台湾等汉字文化圈依然使用原有的楷书体。

●15_07. "草书"集字"草"字为司马懿(179~251)手笔，"书"为米有仁(1086~1165)手笔。米有仁是宋代书法家米芾之子，和其父并称"二米"。

●15 08. "魏碑石体"

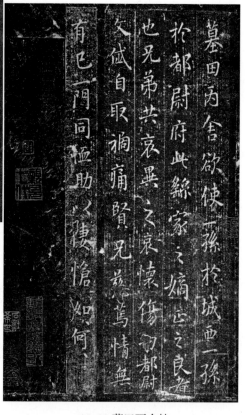

●15_09.墓田丙舍帖

东汉钟繇(151~230年)之作，楷书，6行70字。

《张猛龙碑》)(碑额部分，全称《魏鲁郡太守张府君清颂之碑》)。立于北魏正光3年(522年)，碑上无撰书人姓名，正面24行，每行46字。背面刻有立碑十名官吏的姓名。碑额刻有"魏鲁郡太守张府君清颂之碑"的字样，成3行12字。被誉为"魏碑第一"，开启了隋唐时期代表书法家欧阳询、虞世南的书法时代。

●15_10.
北魏碑石体"軆"字

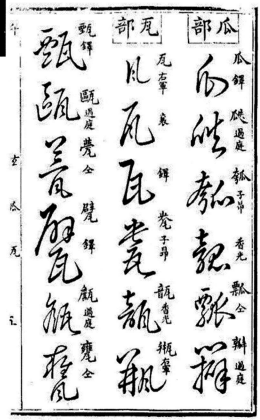

●15_11. 《草字彙》
由清乾隆年间书法家石梁，编集历代名家碑版书
帖草字为汇典，全书成于1787年，是学习草书最佳
范本。

●15_12. "西安碑林博物馆(Forest of Stone Steles Museum,
www.beilin-museum.com)和碑林"碑阁

以收藏中国历代重要石刻资料为主，成为在中国独树一帜的艺术博物馆。
现有馆藏文物 11,000 余件，其中国家级文物 19 类 134 件，一级文物 535
件。陈列由碑林、石刻艺术和其它文物展览三部分组成，共 12 个展室。

●15_13. 西安碑林博物馆网页主页面(www.beilin-museum.com)

●15_14. 西安碑林博物馆网址信息●

名称	西安碑林博物馆/Forest of Stone Steles Museum,
网址	www.beilin-museum.com
简介	是陕西创建最早的博物馆，它以收藏、陈列和研究历代碑刻、墓志及石刻为主，成为在中国独树一帜的艺术博物馆。西安碑林始建于宋哲宗元祐二年（1087），1944年更名为陕西省博物馆，1961年列为首届中国重点文物保护单位。具有"东方文化的宝库""书法艺术宝库""汉唐石刻精髓的殿堂""世界最古石刻书库"等称呼。 现有馆藏文物11,000余件，其中国宝级19种134件，国家一级文物535件。藏有唐太宗昭陵北司马门内的 6块大型浮雕石刻"昭陵六骏"。展示空间由碑林、石刻艺术馆、主题展厅等三个部分组成，共12个展示空间。其中，有7个碑林石刻艺术室、8个碑石回廊、8个碑亭、石刻艺术室，4个文物展示厅等，展厅面积为4,900平方米。
地址	陕西省西安市文昌门内三学街15号
参观信息	参观时间：3月 1日~4月末 (8:00~18:15, 17:30 以前入场)，5月1日~10月1日(8:00~18:45, 18:00 以前入场)，10月 1日~11月末 (8:00~18:15, 17:30 이전 입장)，12月 1日~2月末(8:00~18:00, 17:15 以前入场) 参观旺季(3月 1日~11月末) 8:00~17:30 75元/人，折扣 37元/人，参观淡季(12月 1日~2月末，50元/人，折扣25元/人)
乘车路线	观光路线 610号线，普通公交 14号线，208号线，213号线，216号线， 221号线， 222号线，23号线，258号线等文昌门下车。
特色	宋代开馆的中国最大石刻博物馆，国家AAAA级景点，中国18个特色观光景点。
主要文物	《开成石经》(由《周易》《尚书》《礼记》《春秋左传》《论语》《孝敬》《尔雅》等12种经书共60余万字，114个碑石组成) 唐代《大秦景教流传中国碑》、《不空和尚碑》；虞世南的《孔子庙堂碑》；褚遂良的《同州圣教序碑》；欧阳询的《皇甫诞碑》；欧阳通的《道因法师碑》；张旭的《断千字文》；柳公权的。《玄秘塔碑》；怀仁的《大唐三藏圣教序碑》；颜真卿的《多宝塔碑》《颜家庙碑》等。
类型	石刻专题博物馆
参考网址	https://baike.baidu.com/item/西安碑林博物馆

16 大唐以后的楷书

唐朝以楷书为标准字体，再后来的汉字字体变化很小。政府积极倡导汉字的规范化，科举制度普及更加要求汉字的统一性。

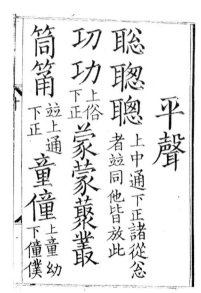

●16_01. 《干禄字书》

唐代编著的关于汉字标准字体的著作，为汉字的规范化立有大功劳。唐玄宗时期著名书法家颜元孙创作的字书类著作。收录了 800 余字，每字都提供了俗字、通用字、正字的标准提示。于大历 9 年(774 年)刻于石头，因模拓漫漶，故在开成 4 年(839 年)又重新摹刻，现存石刻为宋绍兴 12 年(1142 年)所刻。

为唐朝的汉字规范化立大功的是"字样书", 是一部关于标准书体的书。

比如,《干禄字书》明确了标准字体、俗体字, 对可以使用的汉字和不可以使用的汉字, 一一进行标注和规定, 尤其为人们提供了在科举考试和公式化场合, 应遵循的书写规则, 很有意义。所以书名定位《干禄字书》, 即求得禄位的字书。换句话说, 按照此书的提示书写汉字, 肯定科举榜上有名, 能够得到国家的录用成为"公务员"。

颜真卿颜体	颜真卿体
柳公权柳体	柳公权体
文以神出	赵孟頫体

●16 02. 具有代表性的楷书

此书流行以后, 类似的书籍陆续问世, 有《五经文字》《九经字样》。这些书名, 源于唐初颜师古创作的《字样》一书, "字样"也就是对字体的规定。即规定书体, 按今天的说法应该是"书写标准指南"。

皇帝也对此非常关注，唐玄宗为了普及和规范汉字，沿袭前代《开成石经》立碑惯例，于开元23年(735)颁布规范文字的《开元文字音义》，对规范字体具有指导作用。

唐代实行科举制度，倡导汉字规范化。因此，这时期纠正汉字使用的混乱状况，流行研究科举使用的标准字体。此时的研究成果有隋朝曹宪的《文字指归》(4卷)，唐颜师古(581~645)的《字

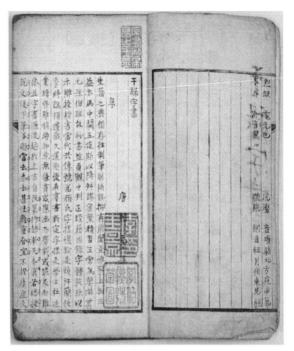

●16_03.《干禄字书》和《金壶字考》(各1卷)
将字典《干禄字书》和《金壶字考》汇集成册，李德懋(1741~1793)亲笔本。四周单边，半叶11行，封面右侧4孔线装。《干禄字书》的序中印有李奎景(1788~?)的三处印章，序和本文后边有李德懋于癸卯年移往奎章阁的记录。误记的部分，在文本上直接进行修正。长22.5厘米，宽13.8厘米，藏于国立民俗博物馆。

样》(1卷)和《匡谬正俗》(8卷)，颜元孙(未详~714)的《干禄字书》(1卷)，唐玄宗的《开元文字音义》、张参的《五经文字》(3卷)，唐玄度的《九经字样》(1卷)等等。

进入宋代，科举制度更加严格，印刷术也更加发达，汉字的字形较之前的历史时期相对稳定。这时期的代表书体是楷书，较之以往历史时期，书写便利辨识度高。

●16_04. 武后新字

《武周陸公夫人崔氏墓志》，出土于洛阳，圣历2年正月28日下葬，高46.5，宽
46.5，楷书12行，每行12字。国、正、人、圣、天、年、月、日等字都被标注
"武周新字"。武则天于天授元年(690)定都洛阳，称帝改国号为周。修改隋唐典
章制度并造新字。据《宣和书谱》记录，武则天新造19字，实则包括异体字共
有20余字。随着人亡政息后，这批文字亦因失去时代意义的支撑而随之见弃，
只留下武则天名字中用过的 "曌"字。此石碑立于武则天执政时期，对研究"武
周新字"提供了资料。现藏于洛阳关林碑刻墓地展馆（《中国关林》，78页）

所以，自汉末出现的楷书，历经1600余年的漫长历史，今天依然焕发出勃勃生机。只要方便就会受到民众的欢迎，比如，书写较便利的草书和行书、还有楷书的俗字与略字在民间都很受欢迎。

目前韩国常用的字体中就有"明朝体"，还有源于此的"ShinMyongjo (新明朝)"，"YunMyongjo(尹明朝)"，"GyeonMyongjo(肩明朝)" "HumanMyongjo"等等诸多带有标注"明朝(Myongjo)"的字体。

"明朝体"，正如名称中的"明"和"朝"，表明是根据明朝书写风格产生的印刷体，具有横细竖粗的特点。

同理，"宋朝体"就是具有宋朝书写风格制作的印刷体，很细字幅较窄，右肩向上微倾的特点。由此派生出仿宋体。

韩文中的"batang"就是"明朝体"的别称，在中国Windows系统中常用的"Simsun"就是"宋体"，这些都是今天我们电脑中常用到的字体。

●16_05. "宋体"《新刊校定集注杜诗》

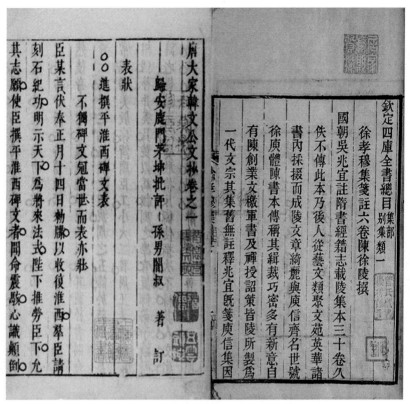

宋体	宋体，中国宋代书体，楷书的一种，横细竖粗，末端有装饰部分，明朝制造。 Windows 系统: 中易宋体(SimSun, TrueType), 简体中文细明体('Ming Light' MingLiU) 繁体中文新细明体(PMingLiU) 繁体中文MS 明朝(MS Mincho), 日文 MS P明朝(MS PMincho, TrueType), 日文 遊明朝(Yu Mincho, TrueType), 日文 Batan), 韩文
仿宋体	仿宋体，指模仿宋体，采用宋体结构，楷书笔画的较为清秀挺拔的字体，笔画横竖粗细均匀，常用于排印副标题、诗词短文、批注、引文等。 Windows 系统: Fangsong
新宋体	新宋体和宋体类似，中文字都是方块字，等宽等高。宋体和新宋体的中文字符相同并共享。是office提供的书体。
明 明 明 朝 朝 朝 体 体 体	明朝体（MS　Mincho）广义上是日本、韩国等对宋体字的叫法。 狭义仅指一种日文电脑字体。 元明时期，戏曲小说的大量刊行，对雕版印刷技术有了新的要求。为了提高效率，雕版师傅们不约而同地开始对字体进行改良，最终形成了一种横细竖粗的，专为印刷雕版使用的字体，也就是宋体字。宋体字在明朝时传入日本，因而日本称之为"明体"或"明朝体"。 在电脑汉字字体设计的最初，日本率先设计了明朝体，后来传入韩国、中国台湾，所以两地也有明朝体的叫法。 和中国开发的"宋体SimSun"中的个别略字有所不同，有些不能兼容。 英文名称为"Ms Mincho"或"Ms PMincho "。

楷体	楷书，又称正楷、楷体、正书或真书，是汉字书法中常见的一种字体。由于"形体方正，笔画平直，可作楷模"，具有"标准书体"的含义。楷书书法最为著名的四大家是：唐欧阳询的欧体、唐颜真卿的颜体、唐柳公权的柳体、元赵孟頫的赵体。是当时手抄佛经时，经常使用的书体。 电脑书体有以下几种： 标楷体, DFKai-SB(Windows)/BiauKai(Mac OS)； 华文楷体（是微软发布的一套新的字体，文件名为KAIU.TTF。随微软Office软件发布）。中文字形使用原来的字体（中易楷体），英文部分使用Garamond，数字也使用Garamond。在Microsoft Office中，可以用字形修整功能。 Kai(Mac OS简体中文字体)

●16_08. "各种印刷用字体表"

●16_09. 由方正开发的清刻本悦宋繁体(Font Family List–FontKe.com)

康熙字典
子集上
一部

●16_10. 《康熙字典》

于 1716 年出版，被誉为中国字典之最，共 42 册，是康熙皇帝命令当时大学士陈廷敬和张玉书等 30 人，历经 5 年，于 1716 年（康熙 55 年）书写完成。参考明代的《字汇》、《正字通》等书的组成结构，使内容更加充实，以 12 支为序，分为 12 集，细分 119 个部首。除本文以外，还有总目、检字、辩似、等韵、备考、补遗等部分。建立 214 个部首，将 47,000 字排列于部首之内，并以笔画数为顺序，以反切法为每个字进行发音、训诂、字解标注，同时表明俗字和通字。今天的汉字字典的形式在此基础上成型。字解准确，引用示例均为《经史百家》，以及汉、晋、唐、宋、元、明以来的诗人和文人的著述中所引示例。长久以来被誉为字典之最，广泛使用。《康熙字典》将重点放在音韵和训诂，每个字的解释，都以今韵在前，古韵再后；正义在前、旁义在后。于 1827 年王引之奉命重刊《字典考证》，校订 2,588 条错误。（参考 Naver 知识百科）

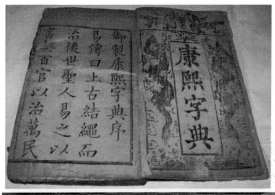

●16_11. 中华字典博物馆收藏了《康熙字典》等历代字典。

名称	中华字典博物馆/Chinese Dictionary Museum
网页	http://www.sxcr.gov.cn/gjbwg/show.php?itemid=51
简介	中华字典博物馆所在地皇城相府是《康熙字典》编纂组织者、清朝康熙皇帝老师陈廷敬的故居。馆内现收藏展示有字典、词典共一万五千余册，其中包括各种版本的古代字书和不少近代字典、辞典等海内外藏品。博物馆以收藏和展示语言类、社科类字典词典为主，也有少部分现代自然科学类词典。 清康熙四十九年(1710年)，陈廷敬等三十多位著名学者，奉康熙皇帝圣旨编撰一部具有深远影响的汉字辞书《康熙字典》。该书成书于康熙55年(1716年)，历时六年，共收录汉字470035个，为汉字研究的主要参考文献之一。目前，中华字典博物馆收藏的《康熙字典》各种版本数目已经达到128种。 皇城相府是《康熙字典》总阅官、康熙皇帝35年经筵讲师陈廷敬的故居，由内城、外城、紫芸阡、御书楼等部分组成，总面积3.6万平方米，是一处罕见的明清两代城堡式官宦住宅建筑群，被专家誉为"中国北方第一文化巨族之

宅"。内城"斗筑居"为陈廷敬伯父陈昌言在明崇祯六年（1633年），为避战乱而建，外城完工于康熙四十二年（公元1703年），2007年，成为AAAAA级游景区。

地址	山西省晋城市阳城县北留镇
参观时间	皇城相府全票120元/人，参观所需时间：2~4小时； 开放时间：夏季 8:00~18:00，冬季 8:00~17:00。
乘车路线	晋城市开往皇城相府大客，约30分钟。
特色	国家AAAAA景点、 "中国北方第一文化巨族之宅"、 午亭山村、中道庄、陈廷敬故居。
主要文物	各类词典和字典 15,000册
类型	历史遗址，专题博物馆
参考网页	http://baike.baidu.com "皇城相府"

●16_12. "中华字典博物馆"网址信息●

●16_13. 中国科举博物馆网页主页面(http://www.njiemuseum.com)

位于南京市秦淮夫子庙中心，是藏有关于中国科举文物的中心，是中国古代最大的科举考场，将拥有20,644间的考试号舍的江南贡院扩建成今天的建筑群。为保持原样改建成地下博物馆建筑，目前开放的有地上明远楼、至公堂、号舍、碑刻、南苑、魁光阁等是一个展室。

17 印刷术与书的发展历史

书使人类的知识和文化得以积累和传承，也成就了人类的灿烂历史和飞速发展。书是人类发展的原动力，是生命的源泉。所以书也是"生命的文书"。韩国语中经常会用到"书册"这个词语，其实在以前还有另一层意思。以特定的材料书写捆好成型后，才能称之为"册"，没有捆成册的则做为"书"流传下来。

17_01. "册"

英语对应"书"的词语是"book"，源于日耳曼语。由德语中的"buch"'或者是新西兰的"bock"，以及瑞典的"bok"或古代英语的"boc"演变而来，与山毛榉"beech"同源。

在北欧山毛榉随处可见，文字书写在山毛榉树皮上流传下来，成为"书"，这就是"book"的词源。

可是在中国，很早以前就使用了特殊材料"纸张"。纸是中国为人类史做出的伟大贡献之一，是一项伟大发明。相传在105年，东汉蔡伦发

●17_02. 约翰.古腾堡(Johannes Gutenberg)
铜像(德国美因茨)

明了造纸术，不过目前已经出土了西汉时期以大麻为原料的初级阶段的纸张。也许纸在蔡伦之前就已经发明出来了，蔡伦是发展造纸术的人。

那么，纸出现以前古代中国人是用什么进行书写的呢？目前出土文物中，能够证明最早用于书写的材料，是石头和陶器，以及甲骨，即龟甲和动物肩胛骨。另外就是金文的书写材料青铜器、被称为简牍文字的书写材料竹片和木条，以及绸缎等等。不过其中最为普遍使用的是竹片。

竹简是将竹子切成竹片用火烘干，去掉水分晾干，用毛笔在上面书写，最后用绳子捆成册，这就是"册"字。在装订成册时，一般使用草绳，重要竹简时使用皮条。所以有个成语"韦编三绝"，描写的就是孔子非常喜欢《易经》，反复阅读使穿竹简的皮条断了好几次。

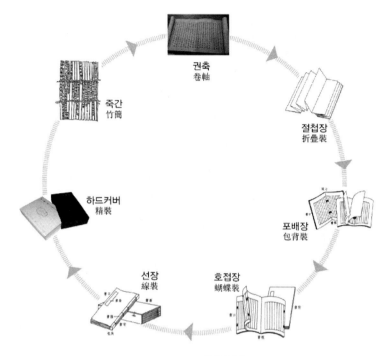

권축
卷轴

죽간
竹简

절첩장
折叠装

하드커버
精装

포배장
包背装

선장
線装

호접장
蝴蝶装

●17_03. 书的历史

根据装订方式要经过以上装订过程。"册"字所描画的是纸张普及以前，在竹简上写字，用线捆成册的样子。当纸张普及以后，装订书籍的方式有所改进，现在流行精装书和平装书，由于计算机的普及还出现了电子书。

后来纸张普及，成为所有书写材料的代表。于是为了提高毛笔在纸上书写的速度，出现了各种书写字体。紧随秦始皇时期的小篆，汉朝出现了隶书，到了汉末又出现了行书和楷书。隋唐之后楷书成为标准书写体，其它各种书写体也随之出现。楷书四大家，即唐欧阳修，颜真卿、柳公权和元朝的赵孟頫最为代表。

到了唐初，由于大量佛经的印刷和科举制度的实行，以及经济飞跃发展，对书籍的需求急剧增加，为了打破书写的局限性，出现了"印刷"。书写只能做到一次一书，而印刷可以实现一次多书。最初是将文

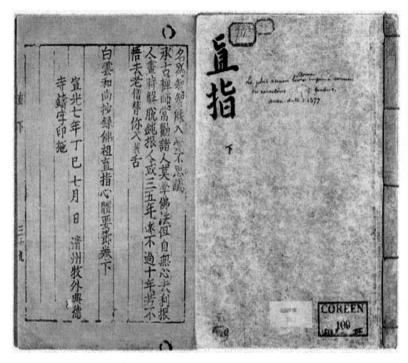

●17_04. 《白云和尚抄录佛祖直指心体要节》

于1377年7月由白云和尚的弟子们在清州兴德寺使用金属活字印刷成书，是世界上最早的金属活字印刷的书。相比约翰·古腾堡的《圣经》(约1440年)早70年以上。

1899年Mourice Courant在《韩国图书志补遗 *Suplément A La Bibliographie Coreenne*》(No.3738)中记录"清州兴德寺使用了金属活字印刷"。《直指心体要节》下卷的板式为四周单边，有界行。半叶行字数为11行18~20字，双行注文。版心无鱼尾，版心题为《直指》，卷末题为《白云和尚抄录佛祖直指心体要节》。书的大小为24.6×17.厘米，五孔，红线装本，2001年被列为联合国非物质文化遗产名录。

字刻在木板上，再印刷，这就是"木版"印刷。一次可以印刷出500张的木版发明，堪称一场革新。木版印刷的出现，使书籍迅速普及，文化得到大发展。木版印刷大约在初唐的7世纪出现，不过木版印刷也有局限性。由于一个木版只能刻上一页的字数，想印刷一部完整的书，则需要许多木版。比如，一本千页的书籍，需要一千张木版。而且这些木版只能印刷一本书，对于其它书籍，这个木版就作废了，必须重新制作。为了克服这个局限，出现了"活字"。活字，就是制作许多文字，根据需要可以进行随意组合，印刷新书重新组合，相较于木版不得不说是个很大进步。

活字是谁发明的，目前无从考证。最初是泥活字的出现，随后出现陶活字和木活字，最终出现金属活字。金属活字造价虽高，但是可以使印刷品更加美观，几近半永久性质，可以反复使用，成为印刷之花。"金属活字"又根据材质分为"铜活字""铁活字""铅活字"等。不过普遍认为宋仁宗年间(1041~1049)毕昇发明了胶泥活字，元朝的王祯(1260~1330)发明木活字。铅活字是德国约翰·古腾堡发明的。

现存第一件木版印刷品为1966年出土于清州佛国寺的《无垢净光大陀罗尼经》,反映的是7世纪唐朝武则天时期的内容。第一件金属活字印刷也是韩国发明的，虽说没有文物传下来，但有留存下来的记录，证明高丽高宗时期（1234年）《详定古今礼文》是由金属活字印刷的。目前现存金属活字印刷品实物有1377年发行的《直指心体要节》，早于西方200年，这件文物证明世界最早的金属活字印刷是高丽发明的。这些都表明韩国是印刷强国、文化强国。

●17 05. 陶活字

印刷术的发展促进了知识普及，知识的普及又促进了科学革命，科学革命又带来了技术革命和工业革命。在西方，1469年于意大利威尼斯出现了第一个印刷所，到了1500年，此地已经出现了约417个印刷所。1476年威廉.卡克斯顿（William Caxton）在英格兰设立了第一个印刷所；1539年西班牙的 Juan Pablos在墨西哥的墨西哥城建立了印刷所；还有Stephen Day于1628年在美国马萨诸塞建立了北美第一个印刷所，印刷走向了世界。

到了20世纪中期计算机开始普及，印刷业也转移到了计算机。21世纪的今天，几乎所有组版都由计算机来完成，甚至出现了无需纸张的电子书(ebook)非常流行。也许在不久的将来书籍也将通过网络空间、虚拟空间来实现流通，虚拟空间的阅读时代即将到来。

●17_06. 印刷工具，保管印刷工具的木箱
推子5个，竹刀7个，竹书刀7把，印版用竹签22个，计算用竹签70个，竹尺6个，活字1,480个，其它10个。高，17.5厘米，长，21.5厘米,宽，54厘米。藏于韩国国立民俗博物馆。

●17_07. 清州古印刷博物馆(http://jikjiworld.cheongju.go.kr)
于1992年3月17日开馆，展示韩国古印刷博物馆，建于忠清北道青州市兴德寺
。初建时为兴德寺管理事务所，于1993年7月2日更名为青州古印刷博物馆，所
属青州市。

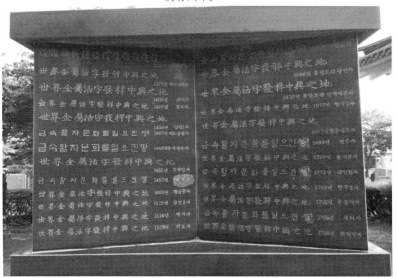

●17_08. 设置在清州古印刷博物馆院落的世界活字年表碑石

●17_09. 清州古印刷博物馆网页主页面(jikjiworld.cheongju.go.kr)

●17_10. 清州古印刷博物館网址信息●

名称	清州古印刷博物馆/Cheongju Early Printing Museum
网址	http://jikjiworld.cheongju.go.kr
简介	于1992年3月17日开馆，韩国古印刷展示博物馆，世界最早的金属活字印刷品《佛祖直指心体要节》诞生的清州兴德寺址基础上建立。初建时为兴德寺管理事务所，于1993年7月2日更名为"清州古印刷博物馆"，所属青州市。1994年8月1日，运营权由忠清北道移交清州市，2000年6月通过增建工程，重新开馆。 2001年11月被文化观光部列为全国最优秀博物馆。 清州古印刷博物馆占地面积40,990平方米，使用建筑总面积为4,868平方米，地下一层，地上三层，展厅面积为1,610平方米。收藏及展示新罗、高丽、朝鲜时代的木版、金属印刷本、木活字本等古书和兴德寺出土文物，印刷工具等650件文物。除展示外，还举办了清州国际印刷出版博览会，同时还进行兴德寺管理及保护、古印刷文化及活字研究、发行博物馆机关杂志、刊发古印刷资料等工作。
地址	邮编和邮寄地址：28472 忠清北道青州市兴德区直指大路713(云泉洞) 电话) 043-201-4266
参观时间	周二~周日(元旦、春节、中秋休馆) 09:00~18:00，免费，参观所需时间：约1小时30分。
乘车路线	高速/城际客车站: 831线公交，艺术的殿堂站下车 道府: 832线公交，古印刷博物馆站下车

特色	金属活字专题博物馆
主要文物	世界第一个金属印刷品《白雲和尚錄佛祖直指心体要节》诞生地青州兴德寺 直指金属活字工坊、印刷文化室、东西印刷文化室、企划展示室、影像室、 试演室、印刷器械器室等)
类型	文物/体验博物馆
参考网址	http://terms.naver.com/entry.nhn?docId=1207231&cid=40942&categoryId=34683 ；斗山百科

18 中国的近代与汉字改革

●18_01. 利玛窦(Matteo Ricci, 1552~1610)的中国之路
由澳门出发经过肇庆、韶关、南雄、梅岭古道、赣州、南昌、南京、天津，最后到达北京。

　　清末在西方列强的强压下，长期闭关锁国的中国打开了门户，以此为契机，资本主义文明和科学技术走进了中国。中国拥有悠久的历史和文化传统，在西方外来文化的冲击下，两者产生了矛盾。面对列强入侵和陌生的全新文化，中国的进步知识分子开始对传统文化进行深刻反思、对传统做出了新的评价。他们试图探索出一条中华民族和中华文化生存与发展的道路。在这个背景下，中国知识分子认为西方的字母文字易写、易学，于是掀起了对汉字的改革运动。

清末的表音文字运动与西方传教士的传教活动有着密切关系，可以上朔到明末。明朝万历33年(1605)，意大利传教士利玛窦(Matteo Ricci, 1552~1610)在北京出版了《西字奇迹》(*Wonder of Western Writing*)，介绍了西方文字的优点，这是用拉丁文字来标注汉字读音的第一个成体系的方案。

随即，明朝天启5年(1625)，法国传教士金尼阁(Nicolas Trigault, 1577~1628)重新修补利玛窦的字母文字方

●18_02.. 《西子奇迹》*Wonder of Western Writing* 1605年在北京出版。

案，出版了用罗马字为汉字注音的字汇《西儒耳目资》(*A Help of Western Scholars*)。虽然只是帮助西方人学习汉语、汉字的入门字汇，但此书的注音方法却给清末汉字学者一个很大启示。以罗马字母为汉字注音的方式为汉字注音开辟了崭新道路，中国的汉字学家由此开始思考创造表音文字的问题。于是20世纪初，正式进入了创造表音文字的时代，各种注音字母和拼音字母拉开了序幕。

1. 教会的罗马字运动

由清初至鸦片战争(1840~1842)伊始，实行严格限制对外贸易的政策，西方传教士的活动也受到限制，于是明末开始对注音字母和拼音文

●18_03.
《西儒耳目资》(台湾故宫博物院馆藏)

字的研究进入了停滞状态。然而1842年鸦片战争战败，西方列强大举进驻中国，西方传教士的活动重又拉开序幕。为了普及基督教，他们开始翻译圣经，甚至传教士们开展传教活动的地方，还出现了以当地方言注音的现象。这种现象被称为"教会罗马字运动"。据统计，19世纪末至20世纪初，至少使用了17种方言为汉字进行注音，可以看出这个运动开展得很广泛。

普及圣经而采用的罗马字注音方式，不仅是外来文化的入侵，也是对中国传统汉字体系的一个冲击。换言之，传教士在提倡使用罗马文字的过程中，大肆宣扬"西方文明优秀和中国文化愚昧"的观点，中国文化之所以愚昧，其根源在于使用了未成熟的文字，即汉字体系。他们的理论就是文字的发展规律，由象形文字开始，经过表意文字之后必定发展为表音文字。而罗马文字是表音文字，表达思想与见解迅速，是"打开知识大门的钥匙"，但是汉字必须付出精力和时间才能习得，阻碍了普通人接受科学化的教育，他们极力主张表音文字替代汉字。

但是，汉字是中华民族的骄傲，是中华文化的核心。汉字的地位不可能因为几个传教士就被动摇，当历史悠久的中国传统文化面临危机之时，大部分知识分子展现出守护汉字的姿态，因此教会罗马字运动并未收到什么效果。不过教会罗马字运动，使人认识到了表音文字对文化普及的作用，以及汉字的短板。后来，提倡使用表音文字和主张汉字改革的运动，都是受到这次运动影响的结果。

2. 切音字运动

进入19世纪末，中国进步知识分子受教会罗马字运动的影响，将重点放在普及教育和发展科学、以及国家中兴上，他们极力主张汉字改革，并开始付诸实践。卢戆章(1854~1928)是中国汉语拼音文字的首倡者。于1892年出版了《一目了然初阶》，以55个变形的拉丁字母完成了表音文字体系，将此命名为《切音新字》。"切音"和"拼音"同义，以声母和韵母组合的方式，也称"合声"。

汉字改革初期的代表人物卢戆章的方案，得到进步知识分子的积极响应，掀起了"切音字运动"。1892年至1911年辛亥革命伊始，共发表了28种切音字方案。28种切音字方案中，有的运用了汉字的笔画，有的运用速记符号，还有的运用了拉丁字母。

在各式各样的切音字方案中，王照(1895~1933)和劳乃宣(1843~1941)的方案影响最大。王照参与了戊戌变法，变法失败后亡命日本，接触到日文的假名，创制了《官话(合声)字母》，采取汉字偏旁或字体的一部分，制定了50个声母和12个韵母的表音文字方案。劳乃宣的《合成简字》，是基于王照的官话字母，对南方方言特有音素进行补充的方案。此方案的目的是，"以南方方言为桥梁，以北京发音为标准"普及教育，规范汉语。此方案引起了广泛的影响，于1910年经过中央教育会议的表决，最终通过"国语统一方案"，决定1911年开始实行，但是1911年10月，辛亥革命爆发，此方案搁浅。

不过在卢戆章之后的20年短短时间里，使我们看到了切音字运动的影响力之广泛，和中国进步知识分子在外来文化影响下，对汉字不同角度的思考。他们的勇敢实践和不懈努力对后来的中国表音文字运动产生了很大影响。

●18_04.
卢戆章《一目了然初阶》中的"拉丁字母儿歌"

3.注音字母运动

1911年中华民国成立，收到很好效果的《注音字母方案》应归功于清末以后的"切音字运动"。1912年在北京《注音字母方案》被采纳,1913年在教育部的读音统一会议上,通过讨论最终采纳了《注音字母方案》,由于当时政局动荡,此方案没能顺利执行。从1918年教育部公布至1959年《汉字拼音方案》公布之前,一直在全国范围内全面实行。此方案在今天的台湾依然使用,只不过在1930年的教育会议中,将原来的名称"注音字母"改为"注音符号"。注音字母体系由24个子音和3个介母音,12个母音等39个符号组成,都是以笔画极为简单的汉字偏旁或字体的一部分作为汉字的表音符号体系。

4. 汉语罗马字运动

这是1925年至1926年,由国语统一筹备委员会制定,于1928年国民党政府颁布的方案。"注音字母"公布以前,在5.4运动前后,胡适和陈独秀等人高举文化革命的旗帜,主张打破文言文、提倡白话文,倡导语文改革,提出了汉字改革问题。

1923年,《国语月刊》在汉字改革特刊号上,专门刊载了钱玄同的《汉字革命》,蔡元培的《文字改革说》,黎锦熙的《汉字革命军前进的一条大路》,赵元任的《国语罗马字的研究》等等,关于汉字改革运动的文章。尤其赵元任提出了制定汉语罗马字的25条原则和汉语罗马字方案草案。

1923年钱玄同在国语统一筹备委员会上确定了《汉语罗马字方案》,要求与注音符号一同使用。于是1926年确定汉语罗马字拼音研究委员会方案,国民党政府公布采纳"国语注音第二式"。

汉语罗马字是继清末后的汉字改革运动中,出现的最接近表音文字的方案,但此方案公布后没能收到预期效果而告终。不过这个罗马字方案在新中国成立后得到继续发展,终于有了《汉字拼音方案》。

声母: ㄅ ㄆ ㄇ ㄈ ㄉ ㄊ ㄋ ㄌ ㄍ ㄎ ㄏ
　　　 b p m f　 d t n l　 g k h

　　　 ㄐ ㄑ ㄒ　 ㄓ ㄔ ㄕ ㄖ　 ㄗ ㄘ ㄙ
　　　 j q x　 zh ch sh r　 z c s

介母: ㄧ　 ㄨ　 ㄩ
　　　 i(y)　 u(w)　 yu

韵母: ㄚ ㄛ ㄜ ㄝ ㄦ　 ㄞ ㄟ ㄠ ㄡ ㄢ ㄣ ㄤ ㄥ
　　　 a o e ê er　 ai ei ao ou an en ang eng

Shianntzay de shin wenshyue buneng mei-
现在　 的　 新　 文学　 不能　 没

yeou shin wentzyh, yooule shin wentzyh,
有　 新　 文字，　 有了　 新　 文字，

feidann tzay shyrjih shang yoou duoshaude
非但　 在　 实际　 上　 有　 多少的

biannlih, tzay Jonggwo jianglaide jingshern
便利，　 在　 中国　 将来的　 精神

wenming shang yee kaile i-tyau shin luh——
文明　 上　 也 开了 一 条 新 路——

tianx tingjiann de "Jong-Shi goutong" de lao
天天　 听见　 的　 "中西　 沟通"　 的老

huah, yee jiow yaw deeng jehme i-lai tsair
话，　 也 就 要　 等　 这末 一来 才

chiitourl yoou ge bannfaa.
起头儿　 有　 个　 办法。

●18_05. 《拼音字母方案》第一式(上)和《国语罗马字方案》(下)
"国语罗马字方案"是为了促进国语，作为提供注音而制定的方案，也称为"国语注音第二式"。1925~1926 年，由国语统一筹备会的"国语罗马字拼音研究会"的钱玄同、黎锦熙、赵元任、林语堂等参与制定工作，1928 年由中华民国政府公布。

国语注音符号第一式	威妥玛拼音	国语注音符号第二式	耶鲁拼音	法国远东学院拼音	德国式拼音	华语通用拼音	汉语拼音方案	国语罗马字			
								第一声	第二声	第三声	第四声
ㄚ	a	a	a	a	a	a	a	a	ar	aa	ah
ㄞ	ai	ai	ai	ngai	ai	ai	ai	ai	air	ae	ay
ㄢ	an	an	an	ngan	an	an	an	an	arn	aan	ann
ㄤ	ang	ang	ang	ngang	ang	ang	ang	ang	arng	aang	anq
ㄠ	ao	au	au	ngao	au	au	ao	au	aur	ao	aw
ㄓㄚ	cha	ja	ja	tcha	dscha	jha	zha	ja	jar	jaa	jah
ㄔㄚ	ch`a	cha	cha	tch`a	tcha	cha	cha	cha	char	chaa	chah
ㄓㄞ	chai	jai	jai	tchai	dschai	jhai	zhai	jai	jair	jae	jay
ㄔㄞ	ch`ai	chai	chai	tch`ai	tchai	chai	chai	chai	chair	chae	chay
ㄓㄢ	chan	jan	jan	tcha	dscha	jhan	zhan	jan	jarn	jaan	jann
ㄔㄢ	ch`an	chan	chan	tch`an	tschan	chan	chan	chan	charn	chaan	chann
ㄓㄤ	chang	jang	jang	tchang	dschang	jhang	zhang	jang	jarng	jaang	janq
ㄔㄤ	ch`ang	chang	chang	tch`ang	tschang	chang	chang	chang	charng	chaang	chanq
ㄓㄠ	chao	jau	jau	tchao	dschau	jhao	zhao	jau	jaur	jao	jaw
ㄔㄠ	ch`ao	chau	chau	tch`ao	tschau	chao	chao	chau	chaur	chao	chaw
ㄓㄜ	che	je	je	tchö	dschö	jhe	zhe	je	jer	jee	jeh
ㄔㄜ	ch`e	che	che	tch`ö	tschö	che	che	che	cher	chee	cheh
ㄓㄟ	chei	jei	jei	tchei	dsche	jhei	zhei	jei	jeir	jeei	jey
ㄓㄣ	chen	jen	jen	tchen	dschĕn	jhen	zhen	jen	jern	jeen	jenn
ㄔㄣ	ch`en	chen	chen	tch`en	tschĕn	chen	chen	chen	chern	cheen	chenn
ㄓㄥ	cheng	jeng	jeng	tcheng	dschĕng	jheng	zheng	jeng	jerng	jeeng	jenq
ㄔㄥ	ch`eng	cheng	cheng	tch`eng	tschĕng	cheng	cheng	cheng	cherng	cheeng	chenq
ㄐㄧ	chi	ji	ji	ki/tsi	dji	ji	ji	ji	jyi	jii	jih
ㄑㄧ	ch`i	chi	chi	k`i/ts`i	tji	ci	qi	chi	chyi	chii	chih
ㄐㄧㄚ	chia	jia	jya	kia	djia	jia	jia	jia	jya	jea	jiah
ㄑㄧㄚ	ch`ia	chia	chya	k`ia	tjia	cia	qia	chia	chya	chea	chiah
ㄐㄧㄤ	chiang	jiang	jyang	kiang	djiang	jiang	jiang	jiang	jyang	jeang	jianq
ㄑㄧㄤ	ch`iang	chiang	chyang	k`iang/ts`iang	tjiang	ciang	qiang	chiang	chyang	cheang	chianq
ㄐㄧㄠ	chiao	jiau	jyau	kiao/tsiao/kio/tsio	djiau	jiao	jiao	jiau	jyau	jeau	jiaw
ㄑㄧㄠ	ch`iao	chiau	chyau	k`iao/ts`iao	tjiao	ciao	qiao	chiau	chyau	cheau	chiaw

●18_06. "各种拼音对照表"
国语注音符号第一式（台湾），注音符号第二式（台湾），
汉语拼音方案（中国），威妥玛拼音，耶鲁拼音，法国远东学院拼音，
德国式拼音，华语通用拼音（台湾），国语罗马字（台湾）。
http://www.360docs.net/doc/info-90e991fe0c22590103029d23.html

19 新中国与简化字

中国一直以"世界中心""永远的帝国"自居，而1842年鸦片战争的失败给中国带来了巨大冲击，冲击之大难以形容，不可想象的事情终于展现在眼前。

一直被称为"洋夷"的西方列强已经冲进了北京城，任意践踏、任意瓜分。中国的知识分子们开始思考中国失败的原因，更准确地说，是研究西方为什么能够如此有力量？

他们终于找到了答案--民主、科学，这就是1919年全国爆发的"5.4运动"的口号。西方拥有而中国没有的正是"民主"和"科学"，为了追赶西方，中国应该怎么办？

民主是所有国民拥有权力，并可以自主行驶权力的制度，是以国民拥有平等和自由，多数公决原则等等为基本精神的。可是直至清朝，中国历代王朝都是以皇帝为顶点，其它都是为皇帝服务的结构。如果说西方的民主属于横向社会结构，那么，中国的封建思想则是纵向服从性的社会结构。中国的知识分子们认为，造成这个结果的元凶就是"儒家思想"。

另外，科学的发展和知识的普及也与之有着密切联系。由于西方国家使用的是字母文字，所以识字轻松，可以快速而系统地学习前人书写好的文化知识，于是大家都努力追求真理、发现真理，成就了科学的发

●19_01. 1951年12月的中国文字改革研究委员会
由马叙伦主任和吴玉章副主任、丁西林、胡愈之、黎锦熙、罗常培、王力、韦悫、
陆志韦、林汉达、叶籁士、倪海曙、吕叔湘、周有光等12名组成。左二为马叙伦，
右二为吴玉章，旁边为王力。

展。相反，中国使用汉字，而汉字难写，使用亦难，数量也多，不仅如此，越高难的学问，需要难写难认的汉字越多。于是许多人一生都在与汉字、汉文博弈，难以实现知识和科学的普及。当时听到最多的话就是：废除汉字，使用字母文字。

　　如此背景下，制约平等社会和民主的儒家思想、以及创始人孔子，还有阻碍普及知识的汉字，都成为亟需打倒的对象。"汉字灭亡，中国才有未来"或者"打倒孔子"等等口号都是在这个背景下产生的。

●19_02. 《汉字简化方案》

　　于是关于这个问题，明确分立了两大阵营，即保守阵营和进步阵营。保守阵营主张传统不能丢弃，要将传统发展为符合时代的要求；而进步阵营则主张彻底废除汉字。在一片争论声中，属于进步阵营的中国共产党取得了胜利。新中国成立后，迅速制定打倒儒家思想和废弃汉字的政策。尤其儒家思想对立于马克思主义，更是被打到的对象。

　　1949年10月新中国成立之时，为了以字母文字替代汉字，"中国文字改革委员会"随即成立，紧接着又组建了"拼音方案研究委员会"开始研究汉字拼音方案。这是一段快速改革汉字的历史时期。

　　新中国成立仅3个月的时间，1950年1月正式成立"中国文字改革委员会筹备委员会"，着手对汉字的全盘改革。当时的改革目标主要有三：汉字简化、汉字拼音化、使用规范汉字。

●19_03. 中国社会科学院

中国社会科学院（Chinese Academy of Social Sciences，CASS）是中共中央直接领导、国务院直属的中国哲学社会科学研究的最高学术机构和综合研究中心，其前身是1955年成立的中国科学院哲学社会科学部。1977年5月7日，经党中央批准，在中国科学院哲学社会科学部基础上正式组建中国社会科学院。党中央对该院提出的三大定位是：马克思主义的坚强阵地、中国哲学社会科学研究的最高殿堂、党中央国务院重要的思想库和智囊团。截至2016年11月，中国社会科学院拥有6大学部，近40个研究院所，全院在职总人数4,200余人。

1. 汉字的简化运动

1954年10月，周恩来总理将原来的筹备委员会更名为"中国文字改革委员会"，并纳入国务院直属机构。1956年，毛泽东主席指出"文字必须改革，要走世界文字共同的拼音方向"。当时毛泽东主席的指示具有语录效力，后续的改革快速地进行着。1956年公布"汉字简化方案"，1964年公布"第一次汉字简化总表"。1975年，当时还处于文化大革命时期， 较之"第一次简化方案"，中国文字改革委员会发布了更加简化的"第二次汉字简化方案（草案）"，并于1977年12月正式颁布。

1956年公布的"汉字简化方案"共三个部分：1）《汉字简化第一表》收录了230个简化字；2）《汉字简化第二表》收录285个简化字；3）《汉字偏旁简化表》收录54个简化偏旁。明确了《汉字简化第一表》收录的汉字，要成为出版物通用的简化字，并在今后的出版物中务必使用。对《汉字简化第二表》和《汉字偏旁简化表》的实行首先表示了要慎重，并以宽容的态度表明在施行一段时间后，再正式执行。

为了顺利实施《汉字简化方案》，在1964年5月出版了文字改革委员会编辑的《简化字总表》，包括以下部分：1）不用于偏旁的352个简化字；2）用于偏旁的132个简化字和14个简化偏旁表；3）第二表中的简化字加上简化偏旁，共计1,754字的简化字表。在这里共有2,238个字，是2,264个繁体字的简化字。通过此次简化，汉字的笔画大大缩减，比如《简化字总表》的第一表和第二表的繁体字平均笔画为 16画，而简化字的平均笔画数为8画，第三表中的平均笔画数19画，而简化字为11画。

1965年12月，文化部和文字改革委员会共同发布《印刷通用汉字字形表》，这里收录了6,196个字，规定了笔画的位置、笔画数、笔画顺序等等，有助于字形的统一和使用规范。

与之呼应的是关于对汉字的整理工作，1955年12月文字改革委员会和文化部共同公布《第一次异体字整理表》，要求新闻出版界率先实行。这里收录了1,865个汉字，其中包括810套异体字，根据此表淘汰了1,055个重复异体字。异体字使文字生活产生混乱、给日常生活造成许多困难，淘汰这些异体字有利于减少汉字的笔画数、确保汉字的统一标准、为出版和文化教育事业带来了便利。

简 化 字 总 表

(1986 年新版)

第 一 表

不作简化偏旁用的简化字

本表共收简化字 350 个，按该音的拼音字母顺序排列。本表的简化字都不得作简化偏旁使用。

A				D
	报[報]	灿[燦]	称[稱]	
	币[幣]	层[層]	惩[懲]	担[擔]
碍[礙]	毙[斃]	搀[攙]	迟[遲]	胆[膽]
肮[骯]	标[標]	谗[讒]	冲[衝]	导[導]
袄[襖]	表[錶]	馋[饞]	丑[醜]	灯[燈]
	别[彆]	缠[纏]②	出[齣]	邓[鄧]
B	卜[蔔]	忏[懺]	础[礎]	敌[敵]
坝[壩]	补[補]	偿[償]	处[處]	籴[糴]
板[闆]		厂[廠]	触[觸]	递[遞]
办[辦]	C	彻[徹]	辞[辭]	点[點]
帮[幫]	才[纔]	尘[塵]	聪[聰]	淀[澱]
宝[寶]	蚕[蠶]①	衬[襯]	丛[叢]	剧[劇]
电[電]		后[後]	家[傢]	据[據]
冬[鼕]	G	胡[鬍]	价[價]	惧[懼]
斗[鬥]	盖[蓋]	壶[壺]	艰[艱]	卷[捲]
独[獨]	干[乾]①	沪[滬]	歼[殲]	
吨[噸]	[幹]	护[護]	茧[繭]	K
夺[奪]	赶[趕]	划[劃]	拣[揀]	开[開]
堕[墮]	个[個]	怀[懷]	硷[鹼]	克[剋]
	巩[鞏]	坏[壞]②	舰[艦]	垦[墾]
E	沟[溝]	欢[歡]	姜[薑]	恳[懇]
儿[兒]	构[構]	环[環]	浆[漿]④	夸[誇]
	购[購]	还[還]	桨[槳]	块[塊]
F	谷[穀]	回[迴]	奖[獎]	亏[虧]
矾[礬]	顾[顧]	伙[夥]③	讲[講]	困[睏]
范[範]	刮[颳]	获[獲]	酱[醬]	
飞[飛]	关[關]	[穫]	胶[膠]	L
坟[墳]	观[觀]		阶[階]	腊[臘]
奋[奮]	柜[櫃]	J	疖[癤]	蜡[蠟]
粪[糞]		击[擊]	洁[潔]	兰[蘭]
凤[鳳]	H	鸡[鷄]	借[藉]⑤	拦[攔]
肤[膚]	汉[漢]	积[積]	仅[僅]	栏[欄]
妇[婦]	号[號]	极[極]	惊[驚]	烂[爛]
复[復]	合[閤]	际[際]	竞[競]	累[纍]
[複]	轰[轟]	继[繼]	旧[舊]	

●19_04. 《简化字总表》

对1964年中国文字改革委员会公布的简化字表进行修整，于1986年10月由国家语言文字工作委员会公布。由3个表组成，第一表，不用于偏旁的简化字352字；第二表，可用作偏旁的简化字132字和简化偏旁14个；第三表，根据简化偏旁类推的简化字1,754字。

除此以外，1956年1月1日开始，所有报纸、杂志等正式刊物都采用横向书写，其它书籍也逐渐改为横向书写的组版。但是1966年文化大革命开始，文字改革受到很大冲击，没有更新的进展，在1976年文化大革命结束后，1976年才回到正常轨道。1975年中国文字改革委员会制定了《第二次汉字简化方案（草案）》，此方案比《第一次简化方案》更加简化，于1977年12月公布。这里收录了第一表的248个汉字和第二表的605个汉字，共853个汉字，并规定属于第一表的汉字，公布当日在全国范围内使用。但是由于《第二次汉字简化方案（草案）》过分简化，没能确保群众基础，致使1978年党政机关报《人民日报》禁止使用第二次简化字。从此开启了关于《第二次简化方案》的修整工作，最终于1986年6月24日正式宣布废止此方案。

《第二次简化方案》中解释"家"字，在古代社会，家的下层养猪（豕），上层居住人的建筑"宀"，可是进入现代，家只是人居住的地方，所以改写为由"宀"和"人"组成的上下结构；还有"酒"字，本来表示酒壶的"酉"和"水"组成，但是只留下了水和读音九，改为"氿"；"菜"字的下半部仅标识读音"才"，写为"艻"；"儒"字右半部"需"字由读音"入"字替代，写为"亻入"，这些都还可以接受。

糟糕的是有些汉字的简化令人难以接受，甚至不能称其为汉字。例如"展"字改写为"尸"，"食"改写为"今"，"出"改写为"齿"。如果说这些字不是永久性文字，只是通往字母文字的中间阶段，倒是可以理解的。

后来作为补救措施，于1986年10月10日重新发布《简化字总表》，对1964年的《简化字总表》首发后出现的一些问题，进行了修正。

1983年7月，中国文字改革委员会和文化部出版局联合编写了《统

规范简化字	二简字	规范简化字	二简字
原	厂	稳	秋
菜	芽	蘘	吐
灌	浂	儒	仉
酒	氿	廖	疒

厂	스	尸	尸	亍	轮	扗	蒜
原	集	展	部	街	输	插	算

皿	延	桌	艹	迁	予	伞	灬
器	建	点	等	遇	预	食	煤

舒	辺	仸	氿	芽	出	觧	刁
拿	道	信	酒	菜	出	解	丽

●19_05. 《第二次简化方案》

一汉字部首排列和检索法草案》，统一了汉字的部首排列和检索法，确定了201个部首。1985年12月16日"中国文字改革委员会"更名为"国家语言文字工作委员会"。

　　1986年1月6日，国家教育委员会和国家语言文字工作委员会联合在北京举行了全国语言文字工作会议，在此确立了新中国成立以后，尤其关于1955年全国文字改革会议以后，对中国文字的改革，进行了全面的、总体的思考和回顾，同时确定了今后在现代化建设和信息化时代，语言文字的政策和发展方向。

　　同时也指出以下几点：文字改革是艰巨的、复杂的、庞大的工程，需要走很长的路，这期间在认识还不充分的情况下，匆忙提出《第二次简化方案（草案）》，不是很科学，是急于求成的一次失策；同时，这期间出现了行政过于插手学术的倾向，阻碍了学术的发展；总之，以此

●19_06. 废止《第二次简化方案》公告

《第二次简化方案》于1986年已经废止，此次是号召大家务必不
再使用，遵守国家的语言文字规范。

为契机，汉字简化工作需要调整速度。在某种角度上，我们可以理解
为，此次会议是公式化地承认，文字改革作为新中国成立后的国家一项
重要工作，政策出现了失误，等于宣告汉字简化工作就此停止。

今天乘着改革开放的春风，来自台湾、香港，以及韩国、日本等地
的影响，繁体字重又焕发出光彩。虽只有小部分的繁体字逐渐被恢复，
但也在告诉我们，当时废弃汉字、以表音文字来替代汉字的政策和计
划，是过于激进的；也是对汉字的特性没能给予全盘考虑，是一次轻率
的政策。

2.《汉语拼音方案》的制定和促进

在汉字表音化过程中，《汉语拼音方案》的选择，是清末以来一直

汉语拼音方案

(1957 年 11 月 1 日国务院全体会议第 60 次会议通过)

(1958 年 2 月 11 日第一届全国人民代表大会第五次会议批准)

一、字母表

字母	Aa	Bb	Cc	Dd	Ee	Ff	Gg	Hh	Ii	Jj	Kk	Ll	Mm	Nn
名称	ㄚ	ㄅㄝ	ㄘㄝ	ㄉㄝ	ㄜ	ㄝㄈ	ㄍㄝ	ㄏㄚ	ㄧ	ㄐㄧㄝ	ㄎㄝ	ㄝㄌ	ㄝㄇ	ㄋㄝ

Oo	Pp	Qq	Rr	Ss	Tt	Uu	Vv	Ww	Xx	Yy	Zz
ㄛ	ㄆㄝ	ㄑㄧㄡ	ㄚㄦ	ㄝㄙ	ㄊㄝ	ㄨ	ㄪㄝ	ㄨㄚ	ㄒㄧ	ㄧㄚ	ㄗㄝ

v 只用来拼写外来语、少数民族语言和方言。　字母的手写体依照拉丁字母的一般书写习惯。

二、声母表

b	p	m	f		d	t	n	l		g	k	h
ㄅ玻	ㄆ坡	ㄇ摸	ㄈ佛		ㄉ得	ㄊ特	ㄋ讷	ㄌ勒		ㄍ哥	ㄎ科	ㄏ喝

j	q	x		zh	ch	sh	r		z	c	s
ㄐ基	ㄑ欺	ㄒ希		ㄓ知	ㄔ蚩	ㄕ诗	ㄖ日		ㄗ资	ㄘ雌	ㄙ思

在给汉字注音的时候，为了使拼式简短，zh ch sh 可以省作 ẑ ĉ ŝ。

三、韵母表

		i 衣	u 乌	ü 迂
a ㄚ 啊		ia ㄧㄚ 呀	ua ㄨㄚ 蛙	
o ㄛ 喔			uo ㄨㄛ 窝	
e ㄜ 鹅		ie ㄧㄝ 耶		üe ㄩㄝ 约
ai ㄞ 哀			uai ㄨㄞ 歪	
ei ㄟ 欸			uei ㄨㄟ 威	
ao ㄠ 熬		iao ㄧㄠ 腰		
ou ㄡ 欧		iou ㄧㄡ 忧		
an ㄢ 安		ian ㄧㄢ 烟	uan ㄨㄢ 弯	üan ㄩㄢ 冤
en ㄣ 恩		in ㄧㄣ 因	uen ㄨㄣ 温	ün ㄩㄣ 晕
ang ㄤ 昂		iang ㄧㄤ 央	uang ㄨㄤ 汪	
eng ㄥ 亨的韵母		ing ㄧㄥ 英	ueng ㄨㄥ 翁	
ong (ㄨㄥ) 轰的韵母		iong ㄩㄥ 雍		

(1) "知、蚩、诗、日、资、雌、思"等七个音节的韵母用 i，即：知、蚩、诗、日、资、雌、思等字拼作 zhi, chi, shi, ri, zi, ci, si。

(2) 韵母ㄦ写成 er，用作韵尾的时候写成 r。例如："儿童"拼作 ertong，"花儿"拼作 huar。

(3) 韵母ㄝ单用的时候写成 ê。

(4) i 行的韵母，前面没有声母的时候，写成 yi(衣)，ya(呀)，ye(耶)，yao(腰)，you(忧)，yan(烟)，yin(因)，yang(央)，ying(英)，yong(雍)。

u 行的韵母，前面没有声母的时候，写成 wu(乌)，wa(蛙)，wo(窝)，wai(歪)，wei(威)，wan(弯)，wen(温)，wang(汪)，weng(翁)。

ü 行的韵母，前面没有声母的时候，写成 yu(迂)，yue(约)，yuan(冤)，yun(晕)；ü 上两点省略。

ü 行的韵母跟声母 j, q, x 拼的时候，写成 ju(居)，qu(区)，xu(虚)，ü 上两点也省略；但是跟声母 n, l 拼的时候，仍然写成 nü(女)，lü(吕)。

(5) iou, uei, uen 前面加声母的时候，写成 iu, ui, un，例如 niu(牛)，gui(归)，lun(论)。

(6) 在给汉字注音的时候，为了使拼式简短，ng 可以省作 ŋ。

四、声调符号

阴平	阳平	上声	去声
ˉ	ˊ	ˇ	ˋ

声调符号标在音节的主要母音上。轻声不标。例如：

妈 mā	麻 má	马 mǎ	骂 mà	吗 ma
(阴平)	(阳平)	(上声)	(去声)	(轻声)

五、隔音符号

a, o, e 开头的音节连接在其他音节后面的时候，如果音节的界限发生混淆，用隔音符号(')隔开，例如：pi'ao(皮袄)。

●19_07.《汉语拼音方案》

持续的争论点。新中国成立以后，中国文字改革委员会迅速着手研究"汉语拼音方案"，参考了各界提供的600余种方案和新中国成立以前存在的各种方案，于1956年2月颁布了《汉语拼音方案（草案）》。以此为契机，经过对意见反馈的数次整理，以及汉语拼音方案审议修订委员会的不懈努力，于1957年10月提出了修订"草案"，于同年11月颁布，1958年2月开始在全国范围内施行。

在1977年的联合国（UN）地名标准会议中，中国地名采用了汉语拼音标记法，1982年国际标准化组织(ISO)，也采用了汉语拼音来标记汉语的国际标准，确立了汉语拼音在国际社会通用的汉语发音标记法的地位。

3.普通话的普及

确定和普及民族共同语是一项统一民族语言的重大工作，为强化一个民族的政治、经济、文化的统一起到重要作用。1950年代根据普及普通话的政策，至1986年全国语言文字工作会议之前，开设了全国性的普通话研究班和进修班，共培养了两千多名核心人物，举办了5次全国普通话教学成绩观摩会。对全国1,800个地方的汉语方言进行了实地调查，编写普通话学习便览的同时，在各地加速普及工作。随着现代化建设的需要，在1986年全国语言文字工作会议上，阐明了新的工作重点，即促进和普及普通话，同时积极地、有计划地实施；明确了20世纪实现教学用语、工作用语、宣传用语、交际用语使用普通话的目标。

●19_08. 中国社会科学院语言研究所(http://ling.cass.cn) 网页主页面
(2018年 01月 04日检索)

20 中国少数民族文字

民族	使用文字
汉族	汉字
回族	汉字
满族	汉字
蒙古族	蒙古字，[托忒文字]
藏族	藏文字
维吾尔族	维吾尔族文字
哈萨克族	哈萨克文字
柯尔克孜族族	柯尔克孜文字
朝鲜族	朝鲜族文字（韩文）
苗族	新造贵州西部地区苗族文字；新造湖南西部地区苗族文字；新造四川、贵州、云南地区苗族文字；四川、贵州、云南地区苗族文字；新造云南东北地区苗族文字；新造方块拼音苗族文字；
景颇族	新造景颇文字，新造载瓦文字
布依族	新造布依族文字
哈尼族	新造哈尼族文字
侗族	新创侗文（Kam writing system）
土族	新造土文
傣族组	傣仂文字，傣哪文字，傣倗文字，金平地区傣族文字
壮族	新造壮族文字，方块壮字
拉祜族	拉祜文字
锡伯族	锡伯文
俄罗斯族	俄罗斯文字

瑶族	新造瑶族文字，方块瑶字
彝族	彝族文字
栗粟族	新傈僳文，傈僳文字，傈僳竹书
白族	新造白族文字，方块白文
佤族	新造佤族文字，古佤族文字
黎族	新造黎族文字
纳西族	新造纳西文字

●20_01. 中国少数民族文字使用表
(资料出处：《中国大百科全书(语言文字)》521页)

目前中国境内共有56个民族，其中汉族、回族、满族等三个民族使用汉字，朝鲜族、蒙古族、藏族、维吾尔族、哈萨克族、柯尔克孜族、彝族、傣族、拉祜族、景颇族、锡伯族、俄罗斯族等12个民族使用自己民族文字，其余几个民族使用以拉丁文字为基础的新造字母文字，这些少数民族的文字如图表[图20_01]所示。

在1949年新中国成立以前，22个民族使用24种文字，新中国成立后，以壮族、布依族、苗族、侗族、哈尼族、傈僳族、佤族、黎族、纳西族、白族、土族、瑶族等12个民族为中心，景颇族等民族以拉丁字母为基础创制了新的拼音字母，目前中国少数民族使用的文字共有40种(参考《百度百科词典》)。

其中最有特色的文字是"纳西文字"，纳西族生活在云南省西北部丽江一代，由于他们的宗教指导者东巴使用图画象形文字，所以叫"东巴文"。是目前世界上象形文字之最，迄今共存在2,200个象形文字，约有一千年的历史。主要是记录宗教仪式的经典，约有1,500余册。这种特殊性得到肯定，2003年被世界教科文组织列为世界记忆名录。

●20_02. "东巴文化研究所"立石。
(2013年丽江东巴文化研究所)
中国著名哲学家任继愈(1916~2009)
手迹。

●20_03. 纳西族象形文字、东巴文字
生活在中国云南省丽江地区的纳西族使用
的文字，共有1,400个文字，此处宗教指导
者称为"东巴"。新任东巴正在用纳西族文
字书写"韩国汉字研究所"

另外，水族的"水族文字"也受到关注。水族分布在中国贵州省、广西
省、云南省、江西省等地，至2010年人口约为41万，他们使用本民族固
有的语言和文字，他们的文字具有鲜明的图画文字和象形文字特点。

●20_04. 纳西族东巴古代文献

古代纳西族东巴文献手写本,被评为2003年世界纪录遗产

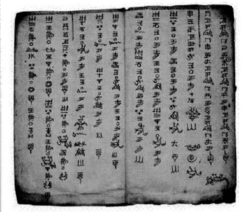

●20_05. 水族古文字集

(中国水族文化网,百度截图和"水文字")

　　根据语系，对中国各种文字进行分类如下：（1）汉藏语系，重又细分为①汉语语族；②壮傣语族；③藏缅语族；④苗瑶语族。其余的是（2）阿尔泰语系；（3）印-欧语系；（4）语系不详等，具体下列图表所示：

　　这些文字也可以根据文字体系进行分类：

　　首先，非表音文字，分为：①图画文字；②象形文字；③受楷书化汉字影响创造的会意、形声文字；④音节文字等等。

1_根据语系的分类		
(1)汉藏语系	①汉语语族	汉字(包括注音字母)、湖南江永地区的妇女文字（也称女书）
	②壮傣语族	壮族文字、布依族文字、侗族文字、水族文字、纳西文字
	③藏缅语族	白族文字、哈尼文字、彝族文字、傈僳文字、西夏文字
	④苗瑶语族	苗族文字
(2)阿尔泰语系		契丹大字、契丹小字、女真文字
(3)印欧语系		粟特文字、吐火罗文字、龟兹文字
(4)语系不详		字喃(越南汉字)、日本文字、韩国的部分文字（吏读、乡札）

●20_06. 中国少数民族文字分类（语族）

　　其次，表音文字，重新分为：①藏、八思巴、傣、Khotan、吐火罗文字；②粟特、回鹘(维吾尔族祖先)、蒙古、满洲、锡伯文字；③察合台、维吾尔、哈萨克、吉尔吉斯文字；④突厥文字；⑤朝鲜族文字（韩文）、契丹小字、方块苗文字；⑥俄罗斯文字；⑦拉丁字母形式的文字等。具体分类下列图表所示：

		2_文字体系分类
非表音文字	(1) 图画文字	① 东巴图画文字(居住云南的纳西族使用的部分文字) ② 而苏沙巴图画文字(四川省凉山彝族自治区使用的文字)
	(2) 象形文字	① 居住云南省的纳西族的象形文字 ② 居住贵州省的水族文字中的大部分文字
	(3)由于楷书的影响形成的会意字和形声字	① 契丹大字、西夏文字、女真文字等(虽受汉字影响,但借用汉字的情况不是很普遍,具有自己文字的特征) ② 方块壮字、方块白文、方块瑶字(大量采取了汉字读音和汉字训读的方式,或者借用汉字的形声构字法)
	(4) 音节文字	① 彝族文字 ② 哥巴文字(纳西族文字) ③ 傈僳族的竹书(云南迪庆维西先部分地区使用)
表音文字	(1) 藏族、八思巴、傣族、Khotan、Tokhara文字	这些文字都是在梵文直接或间接影响下创造的文字。其中藏族文字大约在7世纪,根据梵文创造出来,由30个辅音和4个元音组成。 八思巴文字根据藏族文字创造出来,由57个辅音和7个元音组成。
	(2)粟特、回鹘(维吾尔族祖先)、蒙古、满洲、锡箔文字	这些文字在伊朗文字系统的影响下创造出来。粟特文字根据伊朗文字创造出来,回鹘文字参考了粟特文字,蒙古文字又参考了回鹘文字,而满族文字参考了蒙古文字创造出来。还有锡伯文可以说是满族文字的延续。
	(3)察合台、维吾尔、哈萨克、吉尔吉斯文字	这些文字都在阿拉伯文字基础上形成。
	(4) 突厥文字	这些文字于13世纪末至第一次世界大战以前,曾经是中东最强势力的奥斯曼帝国使用的公式化文字,也是散居于中亚地区突厥民族的通用文字。 1922年,穆斯塔法·基马尔革命,奥斯曼帝国灭亡,建立土耳其共和国,1928年通过文字改革,废弃了彝 族文字,采用了拉丁文字。
	(5)韩文、契丹小字、方块苗族	这些文字是根据汉字产生的。虽然关于韩文的起源众说纷纭,西方主张源于八思巴文字,东方则认为综合

文字	参考了以汉字为基础的周边国家文字。关于韩文的产生，有待于进一步研究。
(6) 俄罗斯文字	这是居住新疆等地区的俄罗斯族使用的文字。
(7)拉丁字母形式的文字	这里包含了拉祜族、景颇族、佤族的文字，这些文字都通过文字改革使用拉丁文字。

●20_07. 中国少数民族文字分类（文字体系）

●20_08. 北京"中华民族园"
再现中国55个少数民族生活的地方，如同身临其境

●20_09.
北京"中华民族园"导
览图

●20_10. 中国文字博物馆
建于甲骨文出土地安阳，中国首座文字专题博物馆。

●20_11. "中国文字博物馆"网址信息●

名称	中国文字博物馆/National Museum of Chinese Writing (NMCW)
网址	http://www.wzbwg.com
简介	• 世界首座以文字为主题的博物馆，建于甲骨文出土地安阳 • 2007年 11月 29日开工， 2009年 11月 26日开馆 • 共有4层6个展厅， 1~5展厅关于汉字的展厅，特别展厅 • 标志'字坊'高18.8米，宽10米，古代"字"之形
地址	(455000)河南省安阳市人民大道东段中国文字博馆 电话: 0372-2557558
开馆 时间	周二~周日 9:00~17:00, 免费.
乘车 路线	乘3, 21, 24, 27, 29, 31, 32, 33, 39, 41, 47, 48号线公交车，在东站下车
特色	专题博物馆，国家一级博物馆
主要 文物	贾伯壶、温县盟书(11件)、佉卢文简牍
参考 网页	https://baike.baidu.com/item/中国文字博物馆

21 韩国的汉字

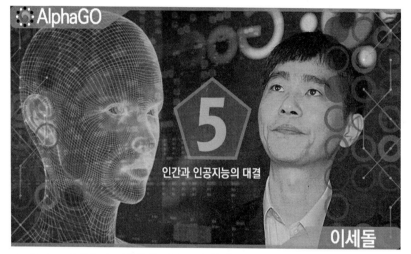

●21_01. 人类与人工智能的对决，李世乭 vs 阿尔法狗 第五局广告(YTN,
YouTube 截图)

谷歌Deepmind挑战赛(Google Deepmind Challenge match)，是指 2016年 3月 9
日至15日，李世石和阿尔法狗之间的对决赛，每天一轮，共5轮，于首尔四季
酒店举行。是一场围棋最高人工智能系统和最高人类实力者的对决，尤为引人
注目。最终阿尔法狗以4:1战胜人类，宣告了人工智能(AI)时代的到来。人类围
棋最高段位选手이세돌，中国写为"李世石"，他名字中的"石"字，其实是韩国
创造的汉字，即韩国固有汉字"乭"。这个字是按照韩国语发音习惯，以汉字表
记"石头"一词创造出来的汉字，其中"石"为义符，"乙"为韩语音符。很遗憾，
中国将这个很具有韩国特色的名字翻译成了以汉语读音为准的"石 (shi)"。所
以，韩国语的"이세돌(Lee Se-dol)"读成了"Li Shi-shi"，于是一个人的名字就此
发生了巨大变化。韩国、日本还有越南创造的汉字应以什么准则来读？反之，
中国和日本等地的汉字在韩国又应以什么标准去注音？是遵照当地读音？还是
遵照韩国语读音？这些都是需要我们坐下来共同探讨的问题。

1. 汉字的传入

中国的汉字什么时间，通过什么途径传入韩国，答案不十分明确，也许和佛教、儒家文化等其它文化的传入一样，通过连接大陆的韩国北方传入，一直传播到南方。即通过古朝鲜传播到高句丽、百济、新罗，以及三韩地区，再经由大海传到日本。

不过南方的三韩和伽倻、百济地区也不排除通过海路传入的可能。1988~1991年庆尚道昌原市茶户里，发现了韩半岛其它地区不曾出现的书写工具，证明汉字在当时使用的范围很广，这是韩半岛迄今发现的第一件与汉字相关的文物。所以也推测汉字不只是通过北方的高句丽、新罗或百济传入韩国，也存在通过海路直接传入伽倻地区的可能。

●21 02. 汉字文化圈汉字对比表

箕子朝鲜时期，大约公元前2世纪初，汉四郡在韩半岛的设立，将中国政治体制原封不动地移植到了韩国。从此中国的政治文化制度直接传入韩半岛，也正是这个途径，使相当数量的汉字传入了韩半岛。

尤其372年高句丽的太学和百济的博士制度，使四书五经和儒家思想在韩半岛得到普及，并在韩半岛稳固下来。佛教传入之前，儒家思想一直是

●21_03. 《广开土大王碑》（《文字》，p.114）

位于吉林省集安县通沟的高句丽第19代王广开土大王墓碑。高6.39米为韩国之最，宽1.38~2米， 侧面宽为1.35米~1.46米，不规则状。碑顶端倾斜，台石为3.35×2.7米。一般认为四面刻有 1775字，150余字已被磨损，不清晰无法辨识。内容共分为三个部分，首先（第一面，第1行指第6行），记录了高句丽的建国神话和邹牟王（东明王）， 儒留王（琉璃王）， 大朱留王（大武神王）等世系和广开土大王的生平。第二部分（第一面第7行至第三面第8行），记录了广开土大王时期，进行的征服活动和领土管理（征服满洲、征伐百济、救援新罗、征伐东扶余级征伐肃慎）的内容，按照年代顺序进行了记录。第三（第三面第8行至第四面第9行）部分，记录了守墓人烟户的数字和选拔方式，禁止买卖的规定。这对高句丽与中国、日本关系史研究，以及高句丽守墓制度和守墓人的身份等社会史研究具有重要意义。（斗山百科）

韩半岛的核心思想，于是儒家思想成为韩半岛国家统治思想的基础，至1446年颁布韩文以前，汉字是韩国的唯一文字。

此前，韩国还通过改变汉字字形的方法记录韩国语，称为韩国汉字，不过这种文字的数量很少，属于汉字的末流。韩国在使用汉字的过程中，也逐步形成了韩国固有的汉字，这些汉字充分反映了韩国生态文化和语言环境。

2. 觉醒与转型期

外来文化与本土文化的融合，必定会带来新的形式。

尤其借用汉字表记韩国语时，因为语言结构不同遇到了许多困难和不便。汉语属于汉藏语系(Sino-Tibetan Languages)，韩国语属于乌拉尔阿尔泰(Ural-Altai)语系，使用汉字表记韩国语显然有难度。汉语是孤立语(isolating language)，而国语是黏着语(agglutinative language)，谓词由词干和词尾组成，在形成句子时，需要助词将每个词语连接起来，另外还需要表示称谓的各种格、以及表示时间的时态等，基本语序是"主语—目的语-动词"，具有SOV(主语+宾语+谓语)的句法结构。

●21_04.

双溪寺《眞鑑禅师大空塔碑》和头篆
建于统一新罗887年，韩国国宝 第47
号，立于庆南河东郡花开面的双溪
寺）。整体高度3.63米，碑身高2.02米，
碑身幅1米。龟趺和螭首为花岗石，碑
身为黑色大理石。崔致远的四山碑之
一，是当时代表文人崔致远所做碑文，
因亲笔书写而闻名，尤其运笔自然流
畅，生动而具有表现力，使后人再次想
起崔致远。

汉字传入韩半岛，经过一段时间后得到普及，在文字生活中占据了主导地位，与之带来的不便也随之呈现出来。人们开始探索用汉字表记韩国语的方法，这必定带来汉字的转型，从而出现了吏读和乡札，以及口诀等多种方式。

壬申誓記石体	汉语句式	语法差异
今自三年以後	自今三年以後	介词结构(介词+时态)
忠道執持	執持忠道	动宾结构(动词+宾语)
過失无誓	誓无過失	动宾结构(动词+宾语)/主谓结构(主语+谓语)
若此事失	若失此事	动宾结构(动词+宾语)
天大罪得誓	誓得天大罪	动宾结构(动词+宾语)/修饰结构(定语+名词)
詩尙書禮傳倫得誓三年	誓三年[内]倫得詩尙書禮傳	动宾结构(动词+宾语)

●21_05. "壬申誓記石"体，韩国式语序的汉语
"壬申誓記石"是韩国第1411号宝物，发现于庆尚北道庆州市见谷面金丈里石丈寺附近。高32厘米，据推断是552年(真兴王 13) 或 612年(真平王34)时期的碑石。收藏于国立庆州博物馆，所刻内容为表忠心，共5行74字，反映了新罗鼎盛时期对青少年的德育教育。

乡札是借用汉字的音和训，表记韩国语的一种方法，属于借字表记法。在文章中表达核心意思的部分时，借用汉字的字义，即借用训；具有韩国语特征的助词和词尾等语素部分，借用汉字的字音。所以，乡札是借用汉字按照韩国语的语序进行排列的表记法，是"壬申誓記石体"更进一步的表记方式，也称"乡歌式表记法"。 所谓"乡歌"，是因为以乡札记录的歌谣较多，所以称"乡歌"，在《三国遗事》中有14首乡歌，《均如传》中有11首乡歌流传下来。

原文	解析	结构分析
善花公主主隐	선화공주님은	선화공주[善花公主]님[主]은[隐]
他密只 嫁良置古	남몰래사귀어두고	남[他]몰래[密只]사귀어[嫁良]두[置]고[古]
薯童房乙	서동방을	서동방[薯童房]을[乙]
夜矣 卯乙 抱遣 去如	밤에뭘안고가다	밤[夜]에[矣]무엇[卯]을[乙]안고[抱遣]가[去]다[如]

●21_06. 乡歌解析示例

《薯童谣》是韩国最早四句体乡歌，是百济的薯童（百济武王儿时名字）于新罗第26代王真平王时期所做民谣。

　　吏读广义上指"借用汉字表记法"，包括乡札和口诀，以及三国时期的固有名词表记等等，是对借字表记法的总称；狭义上，是将汉文按照韩国语句式进行调整（统称"誓记体表记"）之后，再添加韩国固有的接续词"吐"的表记方法。本书取后者，指按照韩国语句式添加接续词"吐"的表记法。

　　据推测，吏读是在新罗初期发展起来的(儒理王时期的"辛熱乐"，脱解王时期的"突阿乐"等)，初期吏读的集大成者是新罗的薛聪。吏读主要以汉文为核心，添加韩国语接续词"吐"的方法，所以省去"吐"，汉文依然可以按原样留存下来，不影响理解。但是乡札是以韩语为核心将整篇文章按照乡札表记法进行，如果除去乡札，句子的意义几乎消失，无法认读。

　　后来吏读一直被沿用，将属于"吐"部分的汉字改写成简单的符号。尤其多用于佛教经典或儒家经典，以及官公署的文书，越发展到后期汉文句子改成韩国语句式的情况越少，基本保留汉文原来句子，只在必需的地方使用吏读符号进行附加标记，使解读更加便利，这种方法称为口诀。

3. 韩文的创制

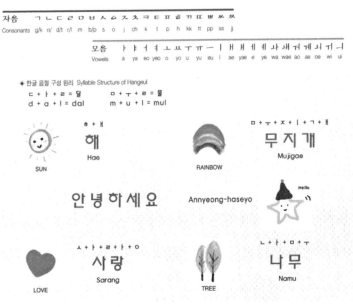

●21_07. 韩文辅音与元音的构成原理
(韩国文化博物馆，此资料使用于仁川国际机场)

文字的起始就带有统治目的和政治效用，因为文字从最初就具有分类和秩序化的根本属性。所谓分类和秩序化，是与世界秩序的再次整合相关联，世界秩序的改写又直接关系到统治与权力。

如此看来，朝鲜时期创制的韩文也是如此，对内规范已有的秩序，即清算以佛教为中心的高丽残余，消灭对立权臣以及王权的对立势力，对外摆脱中国的影响，这与朝鲜王朝自主独立的意志紧密相连。

　　韩文产生于何时，是怎样一个经过，并不十分清晰，《朝鲜王朝实录》的1443年（世宗25年）12条有这样的记录：

> "是月，上親制諺文二十八字，其字仿古篆，分爲初中終聲，合之然后乃成字。于文字及本國俚語，皆可得而書。字雖簡要，轉換无窮，是謂《訓民正音》"（《世宗庄憲大王實彔》02卷，25年 12月 30日第2條）。

　　《训民正音》具有相当成熟的体系，为了宣传普及《训民正音》，首当其冲的就是"谚解"工作。所谓"谚解"，就是使用"谚文"，即使用《训民正音》翻译和注解资料。首先是对佛经的谚解工作。于是韩文创制之初，即刻完成了《释谱详解》(1447)，紧随其后又完成了《月印释谱》(1449)，并在前言附上《训民正音》的谚解，表明对《训民正音》的正式启用。另外，为了规定中国汉字读音的标准，又刊发了《东国正韵》(1447~1448)。

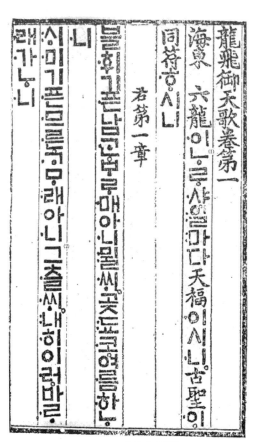

●21_08.《龙飞御天歌》

世宗在1443年（世宗25年）创制了韩文，并且为了普及，采取了分段式措施。1444年（世宗26年）下令翻译《韵会》；1445年（世宗27年）又整理汉字读音；1446年（世宗28年）完成《训民正音解例》；1447年（世宗29年）发行以汉字和韩文并行的《龙飞御天歌》；1448年（世宗30年）颁布《东国正韵》；1449年（世宗31年）出版发行《释谱详解》。这些都在表明普及韩文的强烈意志。

可是，即便意志很强烈，韩文的普及之路仍不平坦。1450年（世宗32年）随着世宗去世，对韩文的关注度也越来越底。世宗创制了《训民正音》，称得起人类史上的光辉业绩，但绝非韩文一创制出来就立刻替代了汉字。使用汉字的阶层依然固守着汉字，他们阻碍韩文的使用和普及，甚至崔万里等人指出韩文是不可以使用的。

其实，世宗本人也绝非是想以韩文替代汉字，他并不认为韩文与汉字对立。韩文的创制仅仅是为了创制符合韩国人语言习惯的文字体系，并通过这个方式实现与高丽王朝的彻底断绝，恢复王权从而获得统治权，摆脱中国的影响强化自主权，而绝非想以韩文替代汉字。因为韩文的创制和使用并没有威胁到汉字的权威，另外创制韩文的总导演世宗也从未否定过汉字或韩文哪一个的权威。这么一来，韩文被确立为(韩国)国文以前，韩文仅仅是作为韩国汉字教学、外语教育，尤其是汉语教育的辅助手段，也就是"教学用文字"，这样理解更为恰当。

《新字典》中的韩国固有汉字	
刀	【도】升也. 되. 見《鷄林類事》及公私文簿.
卜	【짐】馬駄之稱. 짐바리. 見公私文簿.
亇	【마】鐵鎚. 마치. 又地名, 見《輿地勝覽》. 胡名, 見《野史初本》. 粟名, 擘子亇赤粟, 見《農事直說》
丂	【마】地名. 짜이름. 潭陽有丂, 入谷平壤, 有丂鳥. 見《輿地勝覽》
乫	【물】宗室名. 종실이름. 宗室有乫山君. 見《源譜》

乫	【갈】	地名. 싸이를. 有乫波知僉使. 見《搢紳案》.
乭	【걸】	挂也. 걸. 《喪禮補》有乭朔床.
乥	【돌】	石也. 돌. 又兒名奴名多用之. 見俗書.
夻	【화】	魚名. 大口. 대구. 《字彙》: 魚之大口者曰夻音.
夻	【화】	《四聲通解》: 漢俗呼東國大《魚曰夻》魚.
巪	【걱】	人名. 사람이름. 海西賊林. 巪正見野史.
串	【곶】	名岬也. 꼬지. 有長山串月串箭串.
㕦	【부】	功夫. 공부. 蓋功夫卽工夫, 高麗人合爲㕦字也.
垌	【동】	鑿池貯水. 동맥이. 見公私文簿.
椋	【숙】	各宮所任. 궁소임. 又倉名. 廣州牧有椋倉.
䂎	【살】	箭也. 화. 살. 見《鷄林類事》.

●21 09. "韩国固有汉字"(收录于1915年版《新字典》)

由于普及韩文的政策，韩文发展得很快，到1500年属于地方奴婢的陶工都使用了韩文。但是所有事情的稳固都需要经历一些磨难，韩文也不例外。燕山君1501年（燕山君7年）禁止使用《训民正音》，实际上这只是为了提高政治地位和巩固政权的一个环节，已经阻碍不了韩文的发展了，于是燕山君也不再朝廷内禁用《训民正音》。颁布韩文禁令时过3年的1504年（燕山君10年），燕山君命令将历书翻译成韩文，缓和了禁用韩文的状况。

就这样，随着韩文创制人世宗时代的远去，韩文的地位也随之降低了下来。贵族阶级官僚两班固守汉字，公示性的文书均使用汉字记录。这也并不代表他们不使用韩文，妇女和普通人在交流时仍使用韩文，还存留下许多韩文的记录。相对而言妇女使用韩文的情况较多，所以当时韩文另有别称"谚文"或"母字"，这多少有些卑俗的意味。

但是到了朝鲜22代王正祖（1776~1800在位）年间，韩文进入了好时期。正祖非常重视韩文，正祖亲自使用韩文书写信件，这在当时是禁忌，然而正祖废除了这项规定，积极推广普及韩文。所以，正祖时期，"使用汉字和韩文并行书写立法内容，贴于路口和城门，降低了乡间百姓因不懂法而犯法的现象"（《朝鲜王朝实录·正祖15年（1791）6月20

日条》），这样，正祖将韩文与实际生活联系起来。另外，当时的实学家在研究韩文方面，也起到了重要作用，由于对韩文的重视，18世纪以后，以汉字为中心的文字生活逐渐演变为汉字与韩文分化倾向，如同预示着汉字的绝对地位逐渐弱化，将被韩文延续的事实。

18世纪后期，这样的预测成为现实。19世纪末，韩文终于由谚文的地位上升到国文，曾经受局限的韩文一跃成为主流文字。

4. 开化期汉字的地位

19世纪末，由于外来势力的入侵和西方文化的传入，以开化派为中心，韩文的使用被进一步重视。这时期的《独立新闻》（1896年创刊）和《帝国新闻》（1898年创刊）等报纸开始使用韩文，另外《大韩每日新报》（1904年创刊）也采取了韩汉文并用的形式，这样韩文的地位更加提高。可以用姜玮（1820~1884）的一段话来概括当时的韩文观："为避免从汉文分化出来的韩文专用所带来的混乱，保障书写生活的稳定，有必要采用韩汉文并用方式"。于是，曾一度使用纯韩文发行的《汉城旬报》(1883年创刊)，从1886年开始采用韩汉文并用的形式，这足以证明当时氛围。

●21_10. 韩国固有俗字"圣"上边为"圣"字，是韩国固有略字，由"文"和"王"组成。意为"文王"，即西周文王是圣人中的圣人，这个字的思路要比现代中国的简化字"圣"有意义。下边为"贤"的略字，上半部由"忠"和"臣"组成，阐释了"忠臣即贤人"的道理，这在其它文化圈也经常能看到。摘自韩国密阳孙氏家族保存的朝鲜时代手写本。

韩文被确立为国文，是在韩文颁布的1443年过去了450年的甲午更张(1894~1896年)时期。此时书写生活的中心，已不是汉字而是韩文，这得益于初期韩文学者们积极宣传韩文的优秀性和必要性。即1894年勅令第一号公文，阐明了"法令勅令总以国文为本，汉文附译或混用国汉文"的原则。通过这些方式，韩文确立了"国文"地位，国家的公示文书也是韩汉文并用，教科书同样采取了韩汉文并用的方式。1895年建校的汉城师范学校校规就体现了这一现象，使国文教学成为现实。

这样，韩文的普及和使用与近代化一同成为韩民族的必需课题。徐载弼(1864~1951)在《独立新闻》创刊号如此宣言"我们的报纸不使用汉文而使用韩文，其目的是无论高低贵贱均可阅读，并采用分节、空格的书写方式，便于百姓理解和仔细阅读。"

在池锡永(1855~1935)和周时经(1876~1914)等先知者的努力下，这个主张收到良好效果。伴随新知识产生的汉字词除外，其余词语都使用韩文书写的主张得到稳固，以汉字记录韩国语的"言文不一"二元状态得到改善，呈现出用韩文记录的"言文一致"的一元状态。以甲午改革为契机，这个主张还表现出了自主、独立、爱国的语文民族主义倾向。

尤其1905年的乙巳条约使韩国丧失主权，由于日本的影响重新开始强化汉字的使用，韩文成为象征反对日本统治的标志，在民族主义者和韩文学者的艰苦斗争中延续着生命。

5. 光复后的韩汉文并用

《训民正音》创制以前，韩国人认为文字只有汉字，汉字占据着韩国人的整个文字生活。即使在《训民正音》创制以后，汉字的使用率一直没有消减，占据着文字生活的统治地位。壬辰倭乱以后，英祖、正祖时期古代小说登场，韩文开始崭露头角，在甲午更张前后，韩文的使用频率逐渐加大，但是汉文的使用并没减少，不过此后的文字生活，呈现出由汉字逐渐转移至韩文的趋势。

1894年甲午更张以后，韩文替代了汉字的地位，可是当历史的车轮进入日帝强占期，汉字的使用又重新铺开。时间到了1945年，韩半岛光复，于同年成立的文教部朝鲜教育审议会，在学校教育中实行了废止汉字的政策，同时执行韩文横向书写的规则。1948

●21_11.《独立新闻》

1896年4月　7日，韩国首次刊发的民间报纸，也是韩文、英文版报纸。以美国归韩侨胞徐载弼为中心进行活动，独立协会的机关杂志。

年公布《韩文专用法》，规定所有文书使用韩文，必要时可采用韩汉文并用的原则。

即便如此，当时韩国的现状仍旧韩汉文并用，政府为做出表率，于1957年下发了《积极促进韩文专用文件》，至1961年强调"韩文专用法"，于第二年发布《韩文专用案》第一集。一方面制定废止汉字的政策，另一方面又因为韩国语不可能彻底排除汉字，文教部在1950年选定常用汉字1,200字、教育汉字1,000字，于1957年发布常用汉字1,300字。可是到了1964年，重新修订小学和初高中常用汉字的同时，又在1968年发布韩文专用5年计划案，废止常用汉字并完全废止教科书中的汉字，1970年韩国总统颁布《韩文专用法》，教科书一律改为韩文书写。可是到了1971年，又做出恢复汉字教育的决定。 如此，在汉字使用的问题上，韩国出现了多次反复，而且缺乏一惯性的政策，经历了一些较混乱的状态。随着时间流逝，韩文的使用愈加普及，汉字的使用逐渐淡化。最终，于1984年确立了《国语文法统一案》，并成立了第一个国语研究所（现今国立国语研究院）。1986年颁布重新修订的《外来语表记法》，1988年发布《韩文规范法》和《标准语规定》，1989年开始正式进入了韩文专用时代。

6. 迎接21世纪的韩汉文使用

但是进入21世纪情况又发生了变化。中国成为世界的重心，在地理位置上和韩国一衣带水，汉字再一次变为重要的存在。由于东亚在世界经济中的重要性，为了应对欧盟(EU)与北美自由贸易协议(NAFTA)，以及亚太经济合作组织(APEC)、自由贸易协定(FTA: Free Trade Agreement)、东盟(ASEAN)等世界经济的集团化和构筑地域经济圈等，形成以东亚为中心的"共融文化圈"的问题凸显出来，那么可以将东亚拧成一股绳的就是儒家思想和最具代表性的汉字。

年度	名称	汉字数	备注
1951	常用汉字	1,200	
	教育用汉字	1,000	
1957	教育用汉字	1,300	在 1951 年的常用汉字基础上追加 300 字
1968	韩国报刊协会常用汉字	2,000	
1972	教育用基础汉字	1,800	允许在 10% 以内进行曾补用于教学
1990	大法院人名用汉字	2,731	通过后来的 8 次补充，扩充到 5,761 字
2000	(修订) 教育用基础汉字	1,800	交替 44 字
2001	法院用	4,789	
2005	法院用	5,138	于 2001 年内追加 159 字
2015	(修订) 大法院人名用汉字	8,142	

●21_12. 韩国政府指定汉字变迁表

为了回应这样的变化，1990年开始韩国对汉字的尊属问题发出了声音，并且逐渐变大，路标和地名等逐步采取韩汉文并记的形式，1998年成立了汉字教育促进联合总会。2009年郑云灿总理建议小学对汉字采取义务教育的形式，首尔的部分小学实行了汉字义务教育，并于2018年开始，加快小学教科书采用韩汉文并记的进程。

由于反复而缺少一惯性的汉字政策，韩国的汉字教育存在较混乱的现象。然而在韩国的文字生活中，汉字又是不容忽视的存在，为了弥补政策上对此造成的不尽人意的结果，出台了教育用汉字政策。

比如1945年废止汉字以后，作为弥补政策，出台了限量使用汉字政策、以及为了教学工作，文教部又于1951年9月首次制定发布教育用汉字1,000字。1957年又增补300字，共计1,300字。1967年12月18日，韩国新闻协会又选定了常用汉字2,000字；1968年根据韩文专用政策的实施，于1970年重新规定所有公文全部使用韩文，小初高所有教材中出现的汉字全部删除，于是汉字的使用大为缩减。

1972年8月，文教部重新制定发布中学教育用汉字1,800字，奠定了今天韩国汉字的基调。教育用基础汉字1,800字，不包括人名和地名等固有名词。为了保障学习效果，允许曾补生活中所需汉字，但曾补数量不得超过1,800字的10%。

出版界，尤以编写初、高中参考教材为主的出版社，遵守文教部"教育用基础汉字"的规定，有限地使用着汉字，但是新闻媒体又各自制定出常用汉字，在各自发行的出版物中使用。于是为了调节各新闻媒体自定的常用汉字方案，于1967年12月韩国新闻协会选定了2,000字，制定出《常用汉字表》，并倡导1968年1月1日开始共同使用。

到了1972年8月，重新制定1,800字的"教育用基础汉字"，于当年9月实行。另外，人名和地名等固有名词中的汉字使用不受限制，除规定的教育用汉字外，允许指导和学习生活中所需汉字，其数量不得超过教育用基础汉字的10%。也是从这个时期开始，"汉文课"成为独立的教学科目。1975年开始，（韩国）国语教科书允许韩汉文并记。2000年12月30日，教育部更换了44字（初中4字+高中40字），目前仍遵循初中900字、高中900字，共1,800字的"教育用基础汉字"框架，。

大韩民国大法院于2001年1月为了法院业务确定了4,789个汉字，2005年1月1日又增补159汉字，共5,138字；出版新闻媒体界于1967年12月，根据韩国新闻协会选定的2,000字制定了《常用汉字表》，于1968年1月1日开始作为出版印刷品的标准。

年代	名称	汉字字数	备注
1987	KS X 1001(KS C 5601-1987)(国家行政网代码)(用于信息交换符号系统)	4,888	2004 年所修定的 "KS X 1001:2004" 为最新规格
1991	KS X 1002(KS C 5657-1991)(交换信息符号扩张套餐)	7,744	追加 2,856
1995	KS X 1005-1(KS C 5700-1995)KS X 1005-1(统一码)	23,274	

●21_13. 韩国标准汉字代码一览表

　　另外，大法院为了迎合信息技术，限定了人名用汉字，1990年在修改户籍法时，第一次规定了人名用汉字2,731字。以此来消解因难写的汉字用于人名带来的不便，这是为了在信息化过程中出现的技术问题而制定的。但是不属于此表的汉字一定要更换成其它汉字或韩文，又带来了许多不满和不便。后来，大法院通过8次修订，制定了5,761字人名用汉字，即使这样也没能得到完全缓解。随着信息化发展，汉字的使用范围逐步扩大，于是2015年在已有的5,761字基础上，又增补了2,381字，总共扩充到8,142字。

　　关于信息化的处理，国家标准代码KS代码中，基本汉字为4,888字，扩充汉字为2,856字，共7,744字。尤其KSX1005-1总共包括了23,274字，这是万国码2.0，适用于中日韩的统合汉字，其中还涵盖了韩国不使用的汉字。

名称	国立韩文博物馆/National Hangeul Museum
网址	http://www.hangeul.go.kr
简介	2014 年 10 月开馆. 地下 1 层, 地上 4 层, 1 层为韩文图书馆, 2~3 层平时展示厅及策划展厅 世界唯一韩文博物馆, 运用多媒体韩文博物馆 (http://archives.hangeul.go.kr)
地址	(04383) 首尔龙山区西冰库路 139 号 电话: 02-2124-6200
参观时间	周一、周二、周四、周五: 07:00~19:00, 周三, 周六: 07:00~22:00, 周日: 07:00~20:00, 免费。
乘车路线	首尔地铁 4 号线, 李村站 2 号出口, 公交：干线 400 号线, 402 号线, 国立中央博物馆站、龙山家族公园站下车
特色	世界唯一韩文博物馆
主要文物	《月印释谱》《龙飞御天歌》《简易辟瘟方谚解》《正祖御笔韩文便纸牒》《韩文词典》等。
类型	文字博物馆
参考网址	多媒体韩文博物馆(http://archives.hangeul.go.kr)

●21_14. 国立韩文博物馆网址信息●

●21_15. 国立韩文博物馆全景

22 日本与越南的汉字

1. 日本的汉字

日本对汉字的学习大概始于3世纪，后来使用汉字记录日本语，借用汉字发音来记录诗歌，有时也借用汉字的字意记录历史。最初，汉字与日语的关系并未达到规则性的对应，规则是后来形成的。为了提升书写速度，按照日本人的习惯整理汉字来表示日语的辅音和元音，字形也变得更加简单。以汉字的部分笔画表示日语的辅音和元音的方式叫片假名，使用草书体来表记的方法叫平假名。

由50个辅音和元音的音节单位，排列成行和段，从右至左竖向书写，此表为《50音图》。片假名大约在7世纪左右产生，最初与汉字混和书写，到了9世纪左右形成了很完整的体系。与此同时，日本采取了和韩国相同的办法，根据自己的语言和文化环境，创造了日本固有汉字，他们称此为"国字"或"倭字"。比如1903年出版的汉字字典之最《汉和大字典》(总收录13000字)附录中，有"辷，すべる，滑"，类似这样的国字，收录了97个。另外还有象"丼，どん"，利用了既有汉字字形，含义却不同，称为国训字，也称国义字，共收录180字。[参考[表22-01]《薪字典》中的日本俗字部)

"日本俗字部"（共98字）	
匁	【モンメ】1.旧时日本重量单位 "文目" 2. 旧时日本货币单位 一两银子的六十分之一
辷	【スベル】1.滑动 2.打滑 3.不及格 4.下跌 5.跌落 6.说漏嘴
叺	【カマス】名词 草包 草袋
凧	【タコ】名词 风筝
辻	【ツジ】名词 十字路
込	【コム】动词 1.拥挤,混杂 2.费工夫 3.进入其中 4.彻底,深 5.放入中间 6.某种状态的持续
凩	【コガラシ】1.寒风 秋风 2.枯木
凪	【ナギ】 名词 无风无浪 风平浪静
杣	【ソマ】名词 1.山上的树木，2.樵夫 伐木的人

●22_01. 日本创造的汉字
(1915年版《新字典》收录，部分)

　　明治维新（1868）以后，有目的地进行了一次文字改革，开展了以东京（当时的江户）发音为标准音的国语运动，为日本使用的所有汉字标注片假名，统一汉字的读音。同时和中国的白话文运动相仿，在小学教科书中使用半文半白体，对教材进行口语化处理。日语中心论的改革者们在1866年倡导废止汉字，于1872年主张以罗马字替代汉字、片假名和平假名。在激烈的争论之后，此方案没能实行，最终决定采取汉字、片假名和平假名混用的方式。

　　只是在数量上对汉字的使用进行了限制，1973年在日本"国语审议会"上提出《当用汉字表》1,850字，1981年又做出补充，公布《常用汉字表》1,945字，并要求所有公文都使用。到了2010年11月30日，在原有的《常用汉字表》基础上新增汉字196字，删除原有的5个汉字，制定了《新常用汉字表》共有2,136字，使用至今。

●22_02. 日本汉字博物馆·图书馆汉字体验博物馆
（日本，京都）日本第一座汉字博物馆，2016年6月29日开馆。

●22_03. 白川静(1910~2006)

　　日本著名汉字学家。以考古学和民俗学为中心，将神话学与文学融合的方法，研究甲骨文和金文，取得卓著的业绩。1910年出生于日本福井县，1942年毕业于立命馆。1948年开始发表第一篇论文《辐射的本质》，1962年以《关于兴的研究》取得博士学位。1969~1974年，发表15卷的《说文新义》，之后又相继出版了《汉字》《诗经》《金文的世界》《孔子传》等作品。于1984年出版《字统》，1991年《字训》，1996年《字通》等。

●22_04. 日本汉字博物馆、图书馆
(汉字历史绘卷)

●22　05. 日本汉字博物馆·图书馆网页(http://www.kanjimuseum.kyoto)

●22_06. 日本汉字博物馆·图书馆网页信息●

名称	汉检汉字博物馆·图书馆/ Japan Kanji Museum & Library
网址	www.kanjimuseum.kyoto
简介	·日本首个汉字博物馆。 ·位于 2011 年关闭的京都前弥荣中学旧址。 ·汉字能力鉴定协会在旧主楼二层（约 300 平方米）办公，是在 2000 年运营的"汉字资料馆"基础上发展起来的。 ·2015 年 2 月开始建设，2016 年 6 月开馆。
地址	(605-0074) 京都府京都市东山区祇園町南侧 551 番地， 电话: 075-757-8686
参观信息	周二~周日　9:30~17:00(休馆日为周一，如周一为节假日时，第二天为休馆日)。 票价：成人￥800，　大学生、高中生：￥500，小学生、初中生：￥380，团体票打折，年会员制(成人 ￥2500 等)。
乘车路线	地铁东西线"东山站"2 号出口，京阪本线"园四条站"6 号出口，阪急京都线"河原町站"木屋町南出口。公交车 12, 31, 46, 80, 100, 201, 202, 203, 206, 207 线"祇园"下车。
特点	中国以外地域的首座汉字博物馆，汉字主题博物馆。
类型	汉字主题博物馆

2. 越南汉字

越南使用汉字的历史分为三个阶段：借用汉字阶段；发明越南汉字
"字喃"，与汉字并用阶段；拼音字母阶段。

公元前汉武帝时期，汉字传入越南，与韩国和日本一样，直接使用
汉字记录越南语，此时大约是越南的北属（公元前179年~公元938年）
和丁朝（968~980）时期。

后来到了12世纪~13世纪，以汉字为基础发明了越南汉字"字喃
（Chu Nom）"。如李朝(1009-1225)时期的资料显示，在1113年思琅
州的《崇庆寺钟铭》出现了越南固有汉字"滝sông(意为江河，水为义
符，竜为声符)"；1185~1214年的《祝圣报恩字碑》出现了"同木
(đồngMộc)"一词，这是越南的固有汉字词。

安慰	*an ủi*	慰安	和平	**hoà bình**	平和
党共产	**đảng cộng sản**	共産党	激刺	**kích thích**	刺激
单簡	**đơn giản**	簡単	検点	**kiểm điểm**	点検
階段	**giai đoạn**	段階	经月	**kinh nguyệt**	月经
加增	**gia tăng**	増加	糧食	**lương thực**	食糧
界限	**giới hạn**	限界	外例	**ngoại lệ**	例外
介绍	**giới thiệu**	紹介	所短	**sở đoản**	短所
限制	**hạn chế**	制限	積累	**tích lũy**	累積

●22_07. 越南汉字和日本汉字的区别

由于语言的差异，越南汉字和日本汉字区别在于修辞结构的顺序存在很大不同。比
如，"共产党"的表达格式为"党+共产"，修饰语在后，被修饰语在前。

●22_08. 越南河内文庙

越南河内文庙（Văn Miếu Hà Nội）的正式名称为文庙-国子监（Văn Miếu - QuốcTửGiám）。据《大越史记全书》记载，1010年李朝开国君主李太祖下令建造。1070年开始供奉孔子，始为文庙，1076年国子监建于旁边。文庙正门两侧有“下马碑石亭”。进入文庙第一座庭院是大型的莲花池，经过大忠门进入第二座庭院，再经过奎文阁到达第三座庭院。这里有巨大的天光井，两侧分别有两间进士坊，两侧各立有41座碑石，共82座。碑石形成碑林，记录了1442年至1779年337年间，历经82次科举考试，中举的1,306名进士名单和身份。经过大成门，就是大成殿前的第四座庭院，大成殿供奉孔子像，悬挂“万世师表”的金字匾额。大成殿侧面兼有藏书房，藏有四书五经儒家经典。大成殿后侧为第五座庭院国子监，供奉越南儒学代表朱文安，越南尊称朱文安为越南朱子（百度百科）。

“字喃”大致分为两种：一是直接借用汉字的音和义，再者是改变汉字字形创造新的汉字。比如，“没”字，汉语中读作“mo”，沉没之义，越南语读作“mot²”，意思是“一”。不仅如此，“⺤”作为“爲”的简写，越南语中义为“做（事情）”。

由于“字喃”具备了表义文字的含义和表音文字读音的优势，长时期与汉字并用记录越南的历史、以及进行文学创作，使用范围非常广。如“𡗶”字，上下结构，表示天，类似这样的“字喃”目前已超过了一万字。17世纪西方传教士进入，认为汉字不方便，主张以罗马字替代汉字，甚至出台了罗马字表记越南语的方案。其中法国传教士罗德(Alexandre de Rhodes, 1591~1660)的方案最为代表。1885年，越南变为法国殖民地后，开始使用拼音文字，1945年第二次世界大战结束，阮朝灭亡，越南民主共和国成立，修改罗德创制的拼音文字表记法，正式废止汉字。

●22_09. 越南河内文庙正门

●22_10. 关于黎朝和莫朝(1442~1779)科举考试的石板记录
位于河内文庙内， 2011年指定为世界文化遗产。

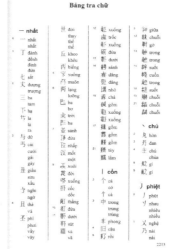

●22_11. 越南汉字字典(左)和索引收录的汉字(右)

创造了许多方便表记越南语的汉字，共计收录10,000余字汉字。(TuDien Chu Nom Dan Giai, 阮光紅, 2014.)

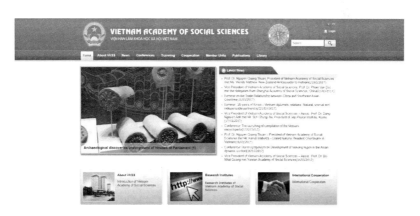

●22_12. 越南社会科学院翰林院网页

越南最高学术研究机关。设有"汉字-字喃研究院"，研究和收集汉字和越南汉字，约有70名的专门研究人员收集资料，进行解读，以及进行信息化处理。

23 汉字与东亚以及世界

1. 汉字在日本的传播

●23_01. 将《千字文》传播到日本的王仁博士遗迹

位于全罗南道灵岩郡郡西面鸠林里，百济学者王仁出生地。全罗南道纪念物第20号。传说沿着月出山朱芝峰海拔350米的地方，是王仁出生的地点圣气谷，以及讲学地点文山斋。1973年组成王仁博士遗迹考察团，于1985年着手遗址净化工作，1987年完工。

积极向日本传播汉字资料的国家是百济，根据《日本书记》的记录，百济的阿直岐，于284年将《易经》《孝经》《山海经》等传入日本，随即王仁又将《千字文》传入日本，《日本史》有如下记录：

"应神天皇15年(284年)，百济国王子阿直岐传入《易经》《孝经》《论语》《山海经》。当时阿直岐熟读经书，日本皇太子尊其为师学习经书。这是日本开始读书的契机，天皇问阿直岐"贵国可还有像您这样的人？"阿直岐答曰："有王仁，比我优秀"，于是派使臣邀请百济的王仁。王仁带着《千字文》来到日本，那时285年。"

●23_02. 《御制千字文》

崇祯纪元后64年辛未(1691)序，万历11年(1583) 韩漢，石峰书，29年辛丑年(1601)开刊。27.4×42.7厘米，收藏于韩国学中央研究院，韩漢是朝鲜中期的代表书法家，书写的《千字文》等书法作品成为校本的范本，其书体称为"石峰体"大约流行了100年。

2. 东亚的汉字

东亚又叫"汉字文化圈"，这表明东亚以"汉字"为共同属性，可以形成共同体。于是汉字与儒家思想、佛教一起成为理解东亚的代码。以中国为中心，韩国和日本以及东亚诸国都借以汉字进行文字生活。虽然后来韩国使用韩文，日本使用平假名和片假名，越南使用字喃与新造拼音文字，但今天依然存在相当数量的汉字混用情况。即使已经使用自己文字表记词语，但其基础大多是汉字词，所以汉字是理解东亚的文字，更是亚洲不可缺少的文字。

尤其韩国是最早借用汉字的国家，除中国外，使用汉字时间最长。庆尚南道昌原茶户里遗址中，发现毛笔等实物，证明早在公元前汉字就已经传入韩半岛，说明至少在两千年以前韩国就开始使用汉字了。尤其韩文出现以前汉字是韩国的唯一文字，即使韩文出现以后，直至近代汉字也是最重要的文字体系。就目前韩国语而言，汉字词仍占整个词汇量的70%，汉字在韩国的文字生活中具有重大意义。

●23_03.《韩中日共用汉字808字》2015年由中央书局出版的《韩中日共用汉字808字》释义书。关于字源、示例及三国之间的字形和含义、示例进行详尽的说明，笔者也参与了编著工作。

进入21世纪中国登上世界舞台的中心，无论是中国的影响力，还是各地域的经济与政治区域化的影响，东亚共同文化圈的议题都成为当今的中心话题。在如此背景下，建构东亚文化共同体的道路上，汉字无疑发挥着重要作用。

3. 东亚共用的汉字

2014年4月在中国扬州举办了关于汉字未来的大会，即第九次"东亚名人会"（新华社、日本经济新闻、中央日报共同举办），正式形成"中日韩共用汉字808字"的决议。 在东亚中日韩三国间在历史、领土、政治等方面矛盾深化的背景下，这是以扩大亚洲文化密切合作、以加速三国青年一代的交流为主旨的；也是以汉字为媒，为强化东亚文明的合作做出的努力，意义重大。

2015年3月，日本横滨举办了第六届中日韩文化部部长会谈，日本文部科学大臣下村博文在主旨演讲中提出"汉字文化交流"的方案。在此，下村文部科学大臣指出"民间的努力终于结出中日韩共用808汉字的硕果，非常有意义"，并强调这"有助于三国人民互为理解和文化交流，也是互相尊重的催化剂"。他在这次会谈结束后，在共同记者招待会中说"需要（三国政府）共同探讨汉字的使用 "。于是将三国各界著名人士组成的"东亚名人会"，由三国合作的议程上升为政府层面上的正式议题。韩国一直使用繁体字，日本使用略字，中国使用简化字，在交流上产生了诸多不便，在这样一个背景下，有必要提出"共用汉字"。（《中央日报》相关报道）

2015年，韩国成立了关于韩中日808汉字的释义书编写委员会，出版了关于808字源的释义和关于中韩日汉字之间的字形、含义、读音、示例等差异的论著。虽然目前仅以808个最基础的汉字作为探讨对象，但是在未来的道路上，可以扩充字数，将中日韩的汉字字形进一步统一和规范。相信这一努力将与我们已经取得的中日韩汉字统一代码一道，使东亚各国产生更大共鸣，形成更广的统合体"汉字文化圈"，携手共筑共生基石。

●23_04. 东亚名人会
为了制定中日韩共用汉字，于2014年举行的会议，共同制定了808汉字。

24 汉字的未来

1. 简化字和繁体字的争论

"众"和"党"是中华人民共和国成立后的简化字，本来写成"眾"和"黨"，经过简化发生很大变化。

●24_01. "黨"字的隶书和简化字

繁体字	黨	尚+黑	崇尚(尚)负面思想(黑)的集体	具有否定含义
简化字	党	尚+儿(=人)	崇尚(尚)人(儿)的集体	具有积极含义

"黨"字，原本"黑"为义符，"尚"为声符，意思是崇尚否定的团体，表示追求非正当利益的群体，即结党营私，而在西方叫"party"，具有相反

的含义。也许是这个原因，以中国共产党为核心的新中国成立后，对该字进行了简化，改为"党"，其含义演变为"崇尚人的党"。

"衆"字，原本"血"为义符，"伙"为声符，描画的是留着血汗劳动的人们[伙]，沿着这个思路，继续往上追朔"血"字曾经是"日"，义为毒日下正在服苦役的奴隶们。后来进入金文时期，强调对奴隶的监视，"日"字又被"目"替代，再后来为了表达受苦役的奴隶累得吐血，于是"目"写为"血"字。可是新中国成立后，民众和劳苦大众成为社会的主人，人民是政治的主体，"衆"不再是奴隶被剥削阶级。成为革命主体力量的"衆"改写为"众"，将原本对民众的蔑视与压迫痕迹一扫而光。

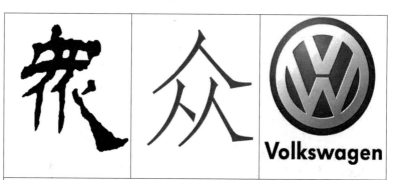

●24_03. 大众公司徽标

"Volkswagen"意为"国民汽车"，其标志由首字母"V"和"W"组成，如同倒写的简化字"众"。由于这种亲切感，在民众成为国家主人的新中国，大众汽车非常受欢迎。

如此，汉字由产生至今经历了漫长岁月，也历经坎坷波折，但是依然保留着基本面貌，构成世界唯一的文字体系。汉字，曾经被废止过，也曾被试图以字母文字替代过，甚至这些都曾付诸实践，但这只能说明一个问题，就是没有能够真正了解汉字的特性。今天我们再度回首，感觉到当时欲变汉字为字母文字的政策是错误的。

正如前边提到的那样，汉字不完全都是表意文字，而是绝大部分为表音与表意兼有的形声文字。文字是为了克服时空限制而产生的，所以文字基本上是表达含义的存在。所以在初期阶段，几乎持有象形与表意的特征。

可是，当人类生活日渐繁复起来，表达含义并不是一件简单的事情，而且文字的重要性逐渐和语言等同起来，于是文字不仅仅是作为语言的辅助手段而存在。随着时间推移，对文字的要求也由表意转为表音，这样其它文字都由象形文字或表意文字转变为表音文字。

●24_04. 简化字与繁体字之间存在的问题
(羽青玄,http://www.tianyayidu.com/article-140733-1.html)

然而汉字与其它文字的体系不同，将表意文字与表音文字的特性巧妙地结合起来，发展为独特的形声结构。如此形声结构展现在绝大部分汉字结构上，所以我们说汉字是兼具表意与表音文字体系的"表意-表音文字体系"才准确，而非简单的表意文字。

2. 电脑技术的发达

1980年后电脑技术的发展，带来了汉字输入法的开发与改进，汉字所具有的复杂和笔画多的弱点被攻克，得到彻底解决。电脑技术的发达，提高了汉字的生命力。

由于汉字兼具表意与表音，矛盾而统一的结构特征，伴随电脑文明，书写速度大大提高，汉字不再是愚昧的文字体系，一跃成为具有发展性的文字体系。这么一来，未来社会，汉字依然光芒闪烁。在此期间，汉字的书写速度与打字速度是汉字的弱项，但是识别系统的普及，反而笔画复杂的汉字结构有助于识别技术的提高，并与信息通信技术相结合，得到共同发展，甚至为电脑识别系统的改进与人工智能(AI)的开发做出了贡献。

3. 汉字文化圈共用汉字的制定与代码统一/兼容

汉字起源于中国，又传入韩国和日本、越南等周边国家，广为使用。在此过程中，各国也创造了新的汉字，并赋予了新的意义，使其更加符合新环境。至今这些国家还留存着固有汉字、国义字和国音字等固有字形。比如，表示艺术的"艺"字，中日韩三国已经各不相同了，韩国写为"藝"、日本写为"芸"、现代中国写为"艺"。

其实，日本使用的"芸"字，在中国和韩国都表示一种"香草"，分别读作"yún"和"운[un]"。还有汉字词汇也是如此，比如"硕士"一词，中国和韩国分别读作"shuòshì"和"석사[seogsa]"，而日本读作"修士(しゅうし;マスター)"，越南是"thạcsĩ"。

所以，随着国际交流日益活跃，国与国的界限也逐步被打破，汉字文化圈国家的汉字兼容与统一是必需的，进而对汉字词汇也需要进一步地整理。

●24_05. 汉字遇见设计
(http://qxw1192090266.my3w.com/Articles/26.html)

4. 汉字与信息通信技术(ICT)的结合，向着新时代出发

虽说汉字复杂难学，但可以充分发挥汉字的象形特点，利用联想法和数码动画技术增进记忆。如今数码装置的范围，由电脑画面发展到数码手机、aipd平板等移动设备获取ICT信息，所以我们可以利用内置GPS和摄像功能实现增强现实技术(Augmented　Reality)，最大化地提高使用者的关注度；还可以开发学习汉字的智能故事系统（application），方便使用者在移动状态下，自由地随时接收不同地域的信息。

21世纪的今天，世界各国都在利用增强现实(AR)技术和虚拟现实(VR)技术，开发制作语言application。如果说，组合型书写体的字母文字以词语制作产业化产品，那么，汉字超强的象形特性带来的丰富内含

●24_06. "未来属于汉字，中国打字技术远超西方"

美国《大西洋月刊》(The Atlantic)2012年11月1日报道，斯坦福大学的Thomas S. Mullaney关于标准键盘存在的问题进行演讲时说：中国历史研究家马拉尼指出，打字技术中国远超西方，这样的成果将照亮汉字的未来。

和直观图像，最适合增强现实技术和虚拟现实技术的开发，成为数码电子产业的最佳选择。

21世纪，汉字与信息技术(ICT)相结合，可发展的新领域非常广阔，比如，不再发展已有的单纯汉字释义法，而是通过科学的字源追朔与文化解读的方式，形成具有独创性的新观点来对汉字进行释义，并使之故事情节化，与各种设计、动画、软件（app）等信息通讯技术(ICT)相结合，开发21世纪型的汉字数码产业。在教学和各种产业运用中，此技术可以大幅度提高汉字的学习与运用。

进而人工智能(AI)、虚拟现实、增强现实，以及与娱乐相融合，进行世界人通用的数码文化产业化，可以创造出高附加价值，为国家发展贡献力量。这就是第四次工业革命伊始的今天，汉字研究之路上的创新。

●24 07. 与信息通讯技术(ICT)相结合的儿童读物

5. 超越国界的合作与共同研究

汉字不仅仅属于中国，而是包括韩国、日本、越南等国家在内的"汉字文化圈"的共同文化财产，是全人类的宝贵财产。所以对汉字的研究，应该在此认知的基础上，不要仅限于国家层面的研究，需要各国合作，形成共同的研究。

基于这个认识，2012年8月在济州岛成立了第一个"世界汉字学会"，事务局设立在庆星大学汉字研究所，这种国际间的通力合作与共同研究的方式，是今后值得我们关注的。

●24_08. 世界汉字学会(WACCS)

于2012年成立，事务局设在庆星大学韩国汉字研究所，此会标由庆星大学金载明教授设计。

●24_09. 英语与汉字的相遇
'HORSE'和"馬"

●24_10. 汉字未来

汉字是未来人类的语言，也是人类文明的杰作之一。好似外星球文字，即美丽无比，又历史悠久而神秘。(http://www.bjywxh.org.cn/index.php?m=content&c=index&a=show&catid=17&id=82)

●24_11.
巧用汉字的室内装饰Won-jeong
Kim创作(2017)
个体与个体、人类与自然的融合，
表达了共生空间。

●24_12. 韩文书法艺术(calligraphy)
Jeon-wook Jo作品，
韩文博物馆开馆关纪念展示作品。

翻译后记

历经五年时间，河永三教授的著作《汉字历史之旅》中文版终于要出版了。受河永三教授的嘱托撰写翻译后记，最终校稿结束时恰逢2023年中秋之夜，感慨万千。

河永三教授是我在韩国庆星大学读博时的师长，老师学贯中西的汉字研究深深吸引着我。老师的每次课或对学术前沿话题的探讨，总是让听课的学生们感到时间飞快、永远听不够。尤其，生长在吉林省延边朝鲜族自治州的我虽是汉族，但从小学到高中就读于朝鲜族学校，本科与硕士就读于延边大学朝文系的学习经历，使我的汉字和中华传统文化知识，比本民族同龄人少了许多。还是在韩国读博期间，老师的课为我在这方面的不足给予了填补，河永三教授是我的恩师。

感谢恩师的信任，将此重要的专著交予我翻译，在翻译过程中不仅获得了能量也收获了快乐，它更是我接受中华文明洗礼的一次经历，使我以翻译的方式完成了心灵的回归、也是一次梦回故乡的旅程。

《汉字历史之旅》以照片形式，图文并茂地讲述了汉字的诞生和发展历史，既生动通俗、又具有助力科研的精准数据和示例。《汉字历史之旅》使仓颉造字的神话落到实处，以朴实无华的语言表达了深奥的哲学思考："仓颉作书，而天雨粟，鬼夜哭"，以权力体系为中心的生产关系发生了翻天覆地的变化，人类社会进入崭新的体制，曾经大权在握的掌权势力被新一代力量推翻；而汉字也不是某个人的发明和创造，是在漫长岁月中，通过积累经验，由劳动人民共同创造出来的智慧结晶。

翻译《汉字历史之旅》，让我无时不刻不感到这本书将东亚汉字文化圈为一个大单元的宏伟格局，通过对甲骨文中"文"字的追根溯源，智慧地借以德里达(Jacques Derrida, 1930~2004)的观点，明确指出中国为"文字中心主义文明"，对应西方的"罗格斯(语音，logos) 中心主义文明"。以汉字文化学的方法科学推导出客观的论断：西方与东方有着不同的发展历史，西方的"语言(logos)"对应东方的"文字"，而西方的"文字"对应东方的"语言(logos)"。所以，东西方文明本质上是相同的，根本不存在孰文明、孰野蛮。使我真切感受到，面对西方的"东方主义"，恩师勇于担当、义不容辞的东方学者的科学精神。

这也使我想起当代中国域外汉籍专家张伯伟教授的一句话："以文化圈为单元，以中国及周边国家、地区的文化为参照，在更深入地理解汉文化同时，也提供一幅更好地理解当今世界的图景。"虽然两位专家的研究领域不同，但格局和视野是相通的。之所以两位专家都以东亚文化圈为一个大单元，正如书中提到的那样，因为东亚以"汉字"为共同属性，可以形成共同体，汉字与儒家思想、佛教一同成为理解东亚的代码，在建构东亚文化共同体的道路上，汉字发挥着重要作用。

汉字不仅仅属于中国，也是"汉字文化圈"的共同文化财富，在此借用书中的一句话作为结尾：在第四次工业革命伊始的今天，汉字与信息技术(ICT)相结合的成果，将照亮汉字的未来。

仰望夜空，皎洁的圆月格外明亮动人，汉字便是我心中那轮中秋明月。

二零二三癸卯中秋之夜
于长久小屋 赵继红

参考文献

裴锡圭(著), 李鸿镇(译), 《文字学概要》, 北京: 商务印书馆, 1988;
　　《中国文字学》(韩文版), 首尔: 新雅社, 2001.

国立中央博物馆, 《文字, 还有后来：韩国古代文字展》, 首尔:
　　通川文化社, 2011.

国立清州博物馆, 《韩国古代文字和符号文物》, 首尔：通川文化社, 2000.

李运富(著), 河永三, 金河英(译), 《三次元汉字学》(韩文版), 釜山:
　　图书出版3, 2018.

保利艺术博物馆(编著), 《辉煌灿烂青铜器》, 北京: 保利艺术博物馆, 2002.

陕西省考古研究院(等), 《周野鹿鸣: 宝鸡石鼓山西周贵族墓出土青铜器》,
　　上海: 上海书画出版社, 2014.

王凤阳, 《汉字学》, 长春: 吉林文史出版社, 1992.

王宇信(等), 河永三(译), 《甲骨学一百年》(韩文版), 首尔: 昭明出版社,
　　2011.

姚孝遂(著), 河永三(译), 《许慎和说文解字》(韩文版), 釜山: 突出出版3,
　　2014.

李学勤(著), 河永三(译), 《古文字学初阶》(韩文版), 首尔: 东文选, 1991.

张光直(著), 河永三(译), 《中国青铜器时代》(韩文版), 首尔: 学古房,
　　2013.

何琳义, 《战国文字通论》, 北京: 中华书局, 1989.

河永三, 《一百汉字通中国文化》, 釜山: 图书出版3, 2017.

河永三, 《汉字字源字典》, 釜山: 图书出版3, 2014(初版), 2018 (改正版).

河永三, 《汉字的世界》, 首尔: 新雅社, 2013.

许慎(著), 段玉裁(注), 《说文解字注》, 臺北: 汉京出版社, 1983.

黄德宽·陈秉新(著), 河永三(译), 《汉语文字学史》(韩文版), 首尔:
　　东文选, 2002.

Kwang-Chih Chang, *The Archaeology of Ancient China*(4th ed.), New Haven & London: Yale University Press, 1986.

百度, http://www.baidu.com
谷歌, https://www.google.co.kr
NAVER, https://www.naver.com
汉典, http://www.zdic.net

引用图片目录

19_06. 废止《第二次简化方案》公告

19_07. 《汉语拼音方案》

19_08. 中国社会科学院语言研究所 (http://ling.cass.cn) 网页主页面

第二十章

20_01. 中国少数民族文字使用表

20_02. 东巴文化研究所立石

20_03. 纳西族象形文字、东巴文字

20_04. 纳西族东巴古代文献

20_05. 水族古文字集和"水族文字".

20_06. 中国少数民族文字分类（语族）

20_07. 中国少数名族文字分类（文字体系）

20_08. 北京"中华民族园"

20_09. 北京"中华民族园"导览图

20_10. 中国文字博物馆

20_11. 中国文字博物馆网址信息

第二十一章

21_01. 人类与人工智能的对决(李世乭 vs 阿尔法狗)

21_02. 汉字文化圈汉字对比表

21_03. 《广开土大王碑》

21_04. 双溪寺《眞鑑禅师大空塔碑》和头篆

21_05. "壬申誓記石"体--韩国式语序的汉语

21_06. 乡歌解析示例

21_07. 韩文辅音元音和音节构成原理

21_08. 《龙飞御天歌》

21_09. 韩国固有汉字

21_10. 韩国固有俗字"乭"

21_11. 《独立新聞》

21_12. 韩国政府指定汉字变迁表

21_13. 韩国标准汉字代码一览表

作者 河永三

韓國慶尚南道宜寧人，慶星大學中國學系教授，韓國漢字研究所所長，世界漢字協會常務理事（WACCS），《漢字研究》主編。 主修漢字學，研究漢字所反映的文化特徵。 1983年畢業於國立釜山大學中文系，1987年、1994年分別獲得台灣國立政治大學中文所碩士、博士學位。著有《漢字與Ecriture》、《漢字的世界：從起源到未來》、《對不起漢字》、《聯想漢字》、《第五遊整理與研究》等書，譯有《甲骨學一百年》、《漢語漢字學史》、《漢字王國》、《語言與文化》、《語言地理類型學》、《洙泗考信錄》（合譯）、《釋名》（選譯）、《觀堂集林》（選譯）、《中國青銅時代》等書。

譯者 趙繼紅

中國吉林省延吉市人、漢族；北華大學外國語學院東語系副教授、實用韓國語微專業負責人、吉林省高等學校非通用語類專業教指委委員。本、碩均畢業於延邊大學朝文系，並於2018年韓國慶星大學中語中文系獲文學博士學位，研究方向爲中韓比較文學研究。
主要成果有學術專著《金仁順<春香>人物論》、譯著《哪堪又值月圓時—崔致遠詩選》（共譯）；主持吉林省社科基金項目1項、吉林省教育廳項目1項、市廳級教研項目2項；參與各類科研項目多項，發表學術論文10餘篇。